Alors?

MARCELLA DI GIURA
JEAN-CLAUDE BEACCO

Méthode de français fondée sur
l'approche par compétences

NIVEAU **A1** du CECR

Crédits photographiques

Couverture : Fabienne Boulogne ; Juliane Nivelt ; Fabienne Boulogne ; Juliane Nivelt ; Fabienne Boulogne ; Francis Lejean ; Fernand Ivaldi/Iconica/Getty images ; Sylvie Baudet ; Martin Harvey/Gallo images/Getty images ; Fabienne Boulogne ; Juliane Nivelt – **P. 11 :** Plain picture GmbH & Co. KG/Alamy – **P. 12 :** www.francofffonies.com – **P. 14 :** Bruno Arbesu & Amandine Bollard ; Julien Capmeil/Photonica/Getty images – **P. 15 :** Tony Frank/Sygma/Corbis ; Durand/Sipa Press ; Photo12.com/Oronoz ; Selva/Leemage ; Stephane Cardinale/People Avenue/Corbis – **P. 16 :** Gilles Rolle/Rea ; Angelo Cavalli/Age fotostock – **P. 17 :** Philippe Geluck – **P. 18 :** Henrik Sorensen/The image bank/Getty images ; Brad Wilson/Iconica/Getty images ; F. B – **P. 19 :** Justin Kase/Alamy ; Ian Hanning/Rea ; Martin/JTP/Photononstop – **P. 20 :** Juliane Nivelt – **P. 21 :** (hg ; hm) Jerôme Louet ; (hd ; cd ; bd ; bg) Bruno Arbesu & Amandine Bollard – **P. 22 :** Fabienne Boulogne ; Roy Botterell/Stone/Getty images – **P. 22 :** Page d'accueil du site www.rfi.fr - Production Radio France Internationale – **P. 25 :** Page d'accueil du site TV5MONDE ; Liba Taylor/Corbis ; FRANCE 24 ; OIF – **P. 26 :** Bruno Arbesu & Amandine Bollard – **P. 27 :** Kevin Dodge/Corbis – **P. 28 :** Airedale Brothers/Stone +/Getty images – **P. 29 :** Francis Bertout/Francedias. com – **P. 30 & 34 :** William Edward King/Iconica/Getty images ; Maria Mora ; Deborah Betz Collection/Corbis – **P. 31 & 34 :** Nicolas Tavernier/Rea – **P. 32 :** Nicolas Tavernier/Rea ; Roy Peters/Report Digital-Rea – **P. 33 :** John Giustina/Iconica/Getty images ; Pascal Sittler/Rea – **P. 35 :** (fond) Martin Ruegner/ImageState/Alamy ; D. Robert & Lorri Franz ; H. Ogasahara/Photononstop ; Janine Wiedel Photolibrary/Alamy – **P. 37 :** Martin/JTP/Photononstop ; Justin Kase/Alamy ; Ian Hanning/Rea – **P. 41 :** J-C. & D. Pratt/Photononstop – **P. 42 :** Sebastien Ortola/Rea ; Roger Wright/Stone/Getty images ; Dirk Kruell/Laif-Rea ; Gilles Guerin/Rapho ; J-C. & D. Pratt/Photononstop – **P. 43 :** Philippe Durand/Sunset ; Peter Holmes/Age fotostock ; Picimpact/Corbis ; Pierre Gleizes/Rea ; Hervé de Gueltz/Photononstop ; Xavier Richer/Photononstop ; Michel Viard/Photononstop – **P. 44 & 48 :** Bruno Arbesu & Amandine Bollard – **P. 49 :** Justin Kase/Alamy – **P. 50 :** Tom Craig/Rea – **P. 53 :** Marta Nascimento/Rea ; Maisonneuve/Sipa Press– **P. 54 :** Tom Mareschal/Photographer's choice/Getty images ; Bob Hopkins/Jupiter images ; Gregory Kramer/The image bank/Getty images ; Americo Mariano/Rea ; Altrendo images/Getty images – **P. 55 :** Collection Cristophe L ; Nordicphoto/Alamy – **P. 56 :** Bruno Arbesu & Amandine Bollard – **P. 58 :** Randy Miller/Photographer's choice/Getty images – **P. 60 :** Marc Romanelli/Workbook stock/Getty images ; Jeff Greenberg/Age fotostock ; Juan Manuel Silva/Age fotostock – **P. 61 :** Ben Simmons/Photononstop ; Sebastien Erome/Editing server ; Roininen Juha/Corbis sigma – **P. 62 :** Courrier International n° 762 ; Télérama n° 2892/Conception et realisation : Agnès Audras – **P. 66 :** Yadid Levy/Robert Harding World Imagery – **P. 37 :** couverture d'Ulysse n° 108 mai-juin 2006 ; Décorez !/D. R – **P. 69 :** Officiel des spectacles Mercredi 11 au Mardi 17 janvier 2006 – **P. 71 :** Jean Luc Morales/The image bank/Getty images – **P. 73 :** Sean Murphy/Stone +/Getty images – **P. 74 & P. 76 :** Bruno Arbesu & Amandine Bollard – **P. 78 :** BE & W agencja fotograficzna Sp. Z o.o./Alamy ; Patrick Giardino/Corbis – **P. 80 :** Katrin Thomas/Photonica/Getty images – **P. 81 :** Christina Kennedy/DK stock/Getty images – **P. 85 :** Denis Pessin dans Le Monde Dimanche 27 et Lundi 28 avril 2006 – **P. 86 :** Anne van der Stegen/Editingserver. com ; Marie Dorigny/Editingserver. com – **P. 90 :** Nicolas Tavernier/Rea ; Jon Feingersh/Corbis – **P. 91 :** Mark Lewis/Stone/Getty images – **P. 92 :** Natacha Alphonse – **P. 93 :** Sean Murphy/Stone +/Getty images – **P. 101 :** Denis Boissavy/Taxi/Getty images – **P. 102 :** fond : Keystone-France ; *timbre lave linge :* La Poste/DR ; *timbre 1936 les conges payés :* photo Lapi Viollet, création graphique : Claude Andreotto © Adagp, Paris 2007 ; *timbre La 2 CV :* la voiture : S. Vielle/© Citroën, fond : Risler/Grandeur Nature, création graphique : Valérie Besser ; *timbre Le TGV :* train : SNCF-CAV/J.J. D'Angelo, fond : SNCF-CAV/M. Urtado, creation graphique : Valérie Besser – **P. 103 :** *timbre La carte à puce :* photo : G. Buss/Pix, création graphique : Stéphanie Ghinéa ; Edouard Boubat/Top-Rapho – **P. 104 :** Bruno Arbesu & Amandine Bollard – **P. 108 :** Bygonetimes/Alamy ; SAS Carte Bleue – **P. 110 :** Krinitz/Laif-Rea – **P. 111 :** TheArt Archive/Champ de Mars/Dagli Orti – **P. 114 :** E. Klawitter/Zefa/Corbis ; Job Roger/Gamma ; Eric Dessons/JDD/Gamma – **P. 115 :** DRAC Rhône-Alpes – **P. 116 :** Bruno Arbesu & Amandine Bollard – **P. 120 :** Alexander Walter/Stone/Getty images – **P. 121 :** Erich Lessing/Akg-images – **P. 123 :** Anne Rippy/Iconica/Getty images – **P. 124 :** Jacques Loic/Photononstop ; Rudy Sulgan/Corbis – **P. 125 :** Stefan Matzke/Corbis – **P. 126 :** Fabienne Boulogne – **P. 129 :** Rue des Archives/PVDE ; Rue des Archives – **P. 130 :** Zir/Editingserver. com – **P. 132 :** Fabienne Boulogne – **P. 134 :** Bruno Arbesu & Amandine Bollard – **P. 138 :** Denis/Rea – **P. 139 :** ITTC Productions/The image bank/Getty images – **P. 140 :** fond : Philippe Marian/Editingserver. com ; Valérie Dayan/L'Express/Editingserver. com ; Philippe Mariana/Editingserver. com – **P. 141 :** David R. Frazier Photolibrary, Inc/Alamy ; Philippe Mariana/Editingserver. com – **P. 144 :** Chris Howes/Wild Places Photography/Alamy ; Alain le Bot/Photononstop ; Frank Krahmer/The image bank/Getty images – **P. 146 :** Patrick Bard/Editingserver. com – **P. 146 :** Bruno Arbesu & Amandine Bollard – **P. 152 :** fond : Ken Lewis/Images-of-france/Alamy ; Peter Dean/Agripicture images/Alamy – **P. 154 :** Macduff Everton/Corbis ; F. Achdou/Urba images server – **P. 157 :** Stefan Matzke/Newsport/Corbis ; Ashley Cooper/Corbis ; Atlantide Phototravel/Corbis – **P. 161 :** Photographie place : Régis Fialaire/œuvre : Masque de notable Chefferie de Bekom, Cameroun, fin 19° début 20°, Legs Pierre Harter, par Patrick Gries/Agence M & CSaatchi. GAD – **P. 162 :** Yves Marcoux/First Light/Getty images – **P. 163 :** David Lefranc/Gamma/Hachette Photos Presse – **P. 164 :** Louis-Laurent Grandadam/The image bank/Getty images – **P. 165 :** Photo News/Gamma/Photonews/Hachette Photos Presse – **P. 166 :** Gavin Hellier/Robert Harding World Imagery/Getty images – **P. 167 :** François Mori/AP/Sipa Press

Nous avons recherché en vain les auteurs ou les ayants droit de certains documents reproduits dans ce livre. Leurs droits sont réservés aux Editions Didier.

Nous remercions Miwa, Manon, et Kim.

Illustrations : **P. 38 :** Eileen Boulogne, **P. 17 :** Philippe Gelluck, **P. 137, 149, 150, 160 :** Dom Jouenne, **P. 12, 23, 28, 51, 52, 63, 72, 73, 75, 77, 84, 100, 107 :** Jean-Marc Pau, **P. 85 :** Pessin, **P. 57, 133, 168, 169 :** Yann Poquet, **P. 109 :** Elise Rebaa-Launay, **P. 20, 22, 104, 105, 106 :** David Scrima, **P. 36, 97, 147, 172 :** Volker Theinhardt.
Photomontages : Gudrun Challe

Couverture : Willy Cabourdin
Adaptation maquette : François Huertas
Mise en pages et photogravure : Nord Compo

© Les Éditions Didier, Paris 2007
ISBN 978-2-278-06119-8
Imprimé en France
Achevé d'imprimer en janvier 2008 par l'imprimerie Loire Offset Plus à Saint-Etienne - Dépôt légal : 6119/03

Avant-propos

Apprendre le français ? Bonne idée !

Alors ? est une méthode de français pour débutants, mais on peut faire et dire beaucoup avec quelques mots : donner une opinion, acheter un journal, lire le nom des rues, inventer un slogan...
Alors ? va vous guider pour apprendre à parler avec les gens dans la rue, dans les magasins...
Vous allez lire des annonces et écouter un peu la radio et écrire vos premiers textes.

Vous allez retrouver des manières d'apprendre que vous utilisez déjà pour d'autres langues, sans avoir peur de vous tromper. Il faut du temps pour apprendre, car on apprend une langue et les langues toute sa vie. Il faut juste aimer apprendre et apprendre à apprendre tout seul.

Vous connaissez le Louvre et la tour Eiffel. Vous allez voir vivre les Français, un peu plus. Avec les vacances et les problèmes d'argent, avec les enfants et les études. Avec leur diversité.
Vous allez aussi rencontrer d'autres langues, car le français n'est pas une île mais un carrefour, comme toutes les langues. En France, comme chez vous, on parle beaucoup de langues qui sont là depuis toujours ou depuis peu.

C'est le début d'un beau chemin.
Alors, commençons !

M. Di Giura et J.-C. Beacco

MODE D'EMPLOI

STRUCTURE DU MANUEL

5 modules

2 unités par module

à la fin de chaque module
- un projet
- un ensemble évaluation
- des conseils pour l'autonomie

à la fin du manuel
- D'un regard à l'autre
  (au cœur de 3 villes francophones)
- les transcriptions des enregistrements ;
- les corrigés des évaluations ;
- un précis de conjugaison ;
- un précis de grammaire ;
- un lexique plurilingue.

▶ DES ENTRÉES THÉMATIQUES

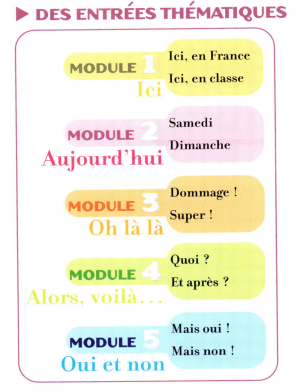

MODULE **1** Ici — Ici, en France / Ici, en classe

MODULE **2** Aujourd'hui — Samedi / Dimanche

MODULE **3** Oh là là — Dommage ! / Super !

MODULE **4** Alors, voilà… — Quoi ? / Et après ?

MODULE **5** Oui et non — Mais oui ! / Mais non !

▶ LISIBILITÉ DES OBJECTIFS

compétences travaillées

perspective actionnelle

MODULE **1**
Ici

CONTRAT D'APPRENTISSAGE
Le module 1 propose des activités pour apprendre à :

UNITÉ **1** Ici, en France

INTERACTION
DES CONVERSATIONS
▶ S'identifier, se présenter

RÉCEPTION ORALE
DE L'ÉCOUTE
▶ Comprendre une annonce d'aéroport

RÉCEPTION ÉCRITE
DE LA LECTURE
▶ Comprendre l'écrit de la rue

PRODUCTION ÉCRITE
DES TEXTES
▶ Écrire un SMS

UNITÉ **2** Ici, en classe

DES CONVERSATIONS
▶ Donner son nom, sa profession, son origine

DE L'ÉCOUTE
▶ Comprendre des consignes orales

DE LA LECTURE
▶ Comprendre une fiche d'inscription

DES TEXTES
▶ Écrire un texte à l'impératif

Projet : réaliser un sondage

ORGANISATION D'UNE UNITÉ

▶ DES ENTRÉES PAR COMPÉTENCES

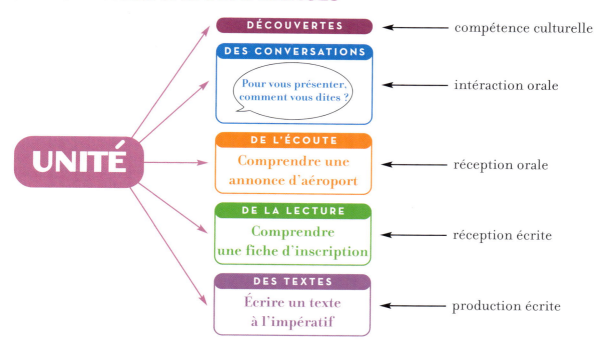

DÉCOUVERTES	← compétence culturelle
DES CONVERSATIONS — *Pour vous présenter, comment vous dites ?*	← intéraction orale
DE L'ÉCOUTE — Comprendre une annonce d'aéroport	← réception orale
DE LA LECTURE — Comprendre une fiche d'inscription	← réception écrite
DES TEXTES — Écrire un texte à l'impératif	← production écrite

UNITÉ

▶ DES CONTENUS AU SERVICE DE LA COMPÉTENCE

Zoom sur **DES CONVERSATIONS**

Des compétences formelles

DES MOTS

français, française
polonais, polonaise

algérien, algérienne
norvégien, norvégienne

DES FORMES

13 • Lisez le tableau de grammaire.

GRAMMAIRE

Vous est le pronom de 2ᵉ personne du pluriel.
On utilise vous pour s'adresser à plusieurs personnes.
Alors, les enfants, vous aimez ça ?

On utilise vous aussi pour s'adresser à une seule personne.
Monsieur, vous restez trois nuits à l'hôtel ?

C'est le vouvoiement, forme importante de la politesse verbale en français.

14 • Regardez les conversations de l'activité 11 p. 27. Répondez.

1. On utilise tu entre amis, entre jeunes, en famille.
2. On utilise vous ou tu dans les relations formelles.
3. Dans les relations formelles, on utilise vous.

DES SONS

16 • Écoutez les questions d'Yves. Répétez les questions.

– Florencia ?
– Ici, à Paris ?

17 • Écoutez les conversations. Cochez les répliques à intonation m...

1. – C'est Arthur ☐
   – Arthur ☐

Des compétences communicatives

DES RÉPLIQUES

DES RÉPLIQUES · SE PRÉSENTER

11 • Mettez les répliques des conversations dans l'ordre.

1. – De Francfort, monsieur.
   – Bonjour ! Peter. Peter Neumann.
   – Bonjour Peter. Vous venez d'où ?
   – Je suis étudiant en management.
   – Qu'est-ce que vous faites ?
2. – Oui, rue de la République.
   – Euh, moi, c'est Justin.
   – Moi, c'est Nadja. Et toi ?
   – Tu habites par ici ?

Écoutez et vérifiez vos répliques.

Réinvestissement des acquis

ET MAINTENANT À VOUS !

Et maintenant, à vous !

19 • Imaginez et jouez les conversations.

B- Monsieur A téléphone à son ami B. Il arrive.
À deux, préparez une conversation (2 répliques).

C- Dans la gare, monsieur Daniel Vi... rencontre madame Julie Lauret. À deux, préparez une conversation (4 répliques).

A- Présentez-vous.

Et en fin d'unité :

Bilan de compétence

ALORS, VOTRE FRANÇAIS ?

Alors, votre français ?

COMMUNIQUER

À l'oral, je peux :
☐ m'identifier   Bonjour, c'est Florencia.
☐ me présenter   Moi, je m'appelle Benjamin.

À l'écrit, je peux :
☐ écrire un SMS   Rester ou rester ?

GRAMMAIRE

Je sais utiliser :
☐ les verbes être, rester   je reste, je suis
☐ la préposition à   à Milan
☐ l'adverbe ici   ici
☐ les conjonctions et, ou   Florencia et Yves

NOTIONS...

Je sais ut...
☐ l'espa...
rue, avenue...
arriver, voya...
gare, aéropo...

☐ l'ident...
num, prénom...

☐ la qua...
les nombres...

Approche méthodologique

Alors ? est destiné à accompagner et à encadrer l'apprentissage du français pour les adultes ou grands adolescents qui, parfois, connaissent déjà d'autres langues. **Alors ?** va les guider dans leurs premiers pas en français et leur donner envie de continuer.

Alors ? vise des objectifs réalistes calibrés sur le niveau A1 par le *Cadre européen commun de référence pour les langues*[1] mis au point au Conseil de l'Europe et sur le *Niveau A1, pour le français*, qu'il est le premier à utiliser.

L'apprentissage est organisé en 5 modules de 2 unités rendues homogènes par des « fils rouges » différents, qui se rapportent aux contenus mais aussi aux formes de la communication.

Les auteurs sont partis du principe que la langue est un ensemble différencié de compétences, solidaires mais relativement indépendantes les unes des autres et dont chaque élément est susceptible de relever d'un traitement méthodologique particulier.

La structure méthodologique profonde de **Alors ?** est fondée sur **l'approche par compétences** puisque chaque séquence de chaque unité est consacrée à l'une d'elles et que toutes les unités présentent une organisation semblable, destinée à mettre en évidence la démarche adoptée. Les savoirs sont donc articulés entre eux de manière visible pour les apprenants.

Toutes les compétences sont présentes, dont les compétences graphiques et phonétiques. Elles sont identifiées par les entrées : **Des conversations, De l'écoute, De la lecture, Des textes.**

Alors ? propose donc des contenus permettant l'acquisition de compétences de communication, de compétences formelles et de compétences culturelles.

On y enseigne ces compétences pour ce qu'elles sont, suivant en cela la typologie de compétences du *Cadre...* Même si le *Cadre* ne donne pas d'indications sur les méthodologies d'enseignement à privilégier, on voit bien qu'écouter (sans produire), en suivant attentivement le fil du discours, n'est pas la même chose que produire un texte, tranquillement, avec sa grammaire et son dictionnaire et en prenant le temps de corriger et d'améliorer.

Prendre la notion de compétence au sérieux, c'est les gérer chacune en fonction des stratégies qu'elles mettent en jeu.

Pour **Alors ?**, on a choisi les formes du français à enseigner en partant du *Niveau A1 pour le français*. Cet instrument de référence tient compte de ce que l'on sait des acquisitions du français ainsi que de l'expérience collective de ceux qui enseignent cette langue dans le monde. Il sert de référentiel à la construction des épreuves du DELF A1. L'enseignement grammatical est donc *vraiment* très progressif.

Enfin, ce manuel tient compte de l'état du monde, devenu plurilingue et pluriculturel, de manière encore plus évidente. Il fait symboliquement place à d'autres langues et souhaite favoriser une ouverture à la diversité linguistique. Il donne des informations pertinentes sur la vie en France, pour faire réfléchir plus généralement aux questions de société et aux relations entre les personnes.

Alors ? est un manuel rigoureux et calibré, mais qui demeure un instrument à la mesure du plaisir d'enseigner.

---

[1] 2001, Éditions Didier, Paris

Les auteurs

TABLEAU DES CONTENUS

MODULE 3

(pages 71 à 100) **Oh ! là, là !**

	Compétence de communication	Fonctions	Compétence grammaticale	Compétence lexicale	Phonétique et orthographe
UNITÉ 5 page 71 **Dommage !**	• INTERACTION : conversation entre amis : parler de soi • RÉCEPTION ORALE : comprendre une émission de radio • RÉCEPTION ÉCRITE : comprendre un sondage • PRODUCTION ÉCRITE : écrire des blogs	• Exprimer des sentiments • Interroger sur la tristesse • Exprimer sa tristesse • *Conseiller, encourager*	• *Est-ce que* • Le présent des verbes *pouvoir, vouloir* • Le conditionnel des verbes *pouvoir, vouloir* • *Ne... pas*	• Les noms et adjectifs de sentiments	• Les voyelles nasales : [ã] [ɔ̃] • Les lettres an/en, an/em, on/om
UNITÉ 6 page 84 **Super !**	• INTERACTION : conversation (téléphonique) : annoncer une bonne nouvelle • RÉCEPTION ORALE : comprendre un jeu radiophonique • RÉCEPTION ÉCRITE : comprendre des annonces • PRODUCTION ÉCRITE : écrire des cartes postales	• Exprimer des sentiments • Exprimer la joie, le plaisir, le bonheur	• Les noms de professions masculin/féminin • Le verbe *finir* et les verbes du groupe en –*ir* • Le présent de l'impératif • *Savoir,* présent • Le participe passé : *fini, aimé, arrivé, dit, écrit* • *Quel(s), quelle(s)...* : Interrogatif et exclamatif • *À* + infinitif • Les articles : *Un, une, des*	• Les études	• Les voyelles nasales (suite) : [ɛ̃] • Les lettres an/en, in/im, ain/aim, ein/(i)en

• Projet page 96 • Préparation au DELF page 97 • Évaluation pages 98-99 • Apprendre en autonomie page 100

MODULE 4

(pages 101 à 130) **Alors voilà…**

	Compétence de communication	Fonctions	Compétence grammaticale	Compétence lexicale	Phonétique et orthographe
UNITÉ 7 page 102 **Quoi ?**	• INTERACTION : conversation : donner des explications • RÉCEPTION ORALE : comprendre un message publicitaire • RÉCEPTION ÉCRITE : comprendre un dépliant touristique • PRODUCTION ÉCRITE : écrire des petites annonces	• Décrire quelque chose, une personne	• *On* • *Plus, moins* • Le verbe *aller* : présent, impératif • *Aller* + infinitif • Le pluriel en –*x*	• Dimension • Forme • Poids • Couleur • Matière	• Le son [œ] Différence entre [œ] et [ɛ] : heure/air • Les lettres eu/œu, è/é (ai, ei)
UNITÉ 8 page 114 **Et après ?**	• INTERACTION : conversation entre collègues : raconter • RÉCEPTION ORALE : comprendre une description • RÉCEPTION ÉCRITE : comprendre un test • PRODUCTION ÉCRITE : écrire des cartes postales	• Raconter, situer un récit dans le temps	• L'imparfait : quelques formes pour introduire le récit : *il faisait, il y avait, il était* • *Un peu, beaucoup, trop, assez* • *Très* • Le verbe *venir* : présent, impératif • *En suisse, au Maroc, aux Etats-Unis*	• Les expressions de temps : *Il y a …* *Hier* matin, soir… Jeudi *dernier,* la semaine *dernière…*	• Le son [ø] : un peu Différence entre [ø] et [œ] : peu/peur • Les lettres eu, œu, suivis de consonne phonétique ou non : son ouvert ou plus fermé. (Un œuf/des œufs)

• Projet page 126 • Préparation au DELF page 127 • Évaluation pages 128-129 • Apprendre en autonomie page 130

MODULE 5 (pages 131 à 160) Oui et non

	Compétence de communication	Fonctions	Compétence grammaticale	Compétence lexicale	Phonétique et orthographe
UNITÉ 9 page 132 **Mais oui !**	• INTERACTION : interview : enquête d'opinion • RÉCEPTION ORALE : comprendre des informations à la radio • RÉCEPTION ÉCRITE : comprendre un texte informatif • PRODUCTION ÉCRITE : écrire un mél de protestation	• Donner son opinion • Expliquer pourquoi	• Présent, impératif, part. passé *répondre, prendre* • *Parce que Pourquoi* • *Tout/tous, toute/s Tous/toutes les...* (répétition action)	• Sujets de discussion 1. Problème politique, social, économique de l'environnement 2. Valeurs	• Les sons [s] et [z] • Les lettres *s, c* (+*i, e*), *ç, ss, ti*
UNITÉ 10 page 144 **Mais non !**	• INTERACTION : débat • RÉCEPTION ORALE : comprendre un message sur un répondeur téléphonique • RÉCEPTION ÉCRITE : comprendre un témoignage • PRODUCTION ÉCRITE : rédiger des petites annonces immobilières	• Exprimer l'accord • Exprimer le désaccord	• Le verbe *devoir* : présent et participe passé • Le verbe *vivre*, présent • *Aller* + infinitif • *Venir* + infinitif • *Être pour/contre*	• Urbanisme, ville et campagne	• Les sons : [o] et [ɔ] • Les lettres *Au, eau, o*

• Projet page 156 • Préparation au DELF page 157 • Évaluation pages 158-159 • Apprendre en autonomie page 160

MODULE 1

Ici

CONTRAT D'APPRENTISSAGE

Le module 1 propose des activités pour apprendre à :

UNITÉ 1 Ici, en France

INTERACTION

DES CONVERSATIONS
▶ S'identifier, se présenter

RÉCEPTION ORALE

DE L'ÉCOUTE
▶ Comprendre une annonce d'aéroport

RÉCEPTION ÉCRITE

DE LA LECTURE
▶ Comprendre l'écrit de la rue

PRODUCTION ÉCRITE

DES TEXTES
▶ Écrire un SMS

UNITÉ 2 Ici, en classe

DES CONVERSATIONS
▶ Donner son nom, sa profession, son origine

DE L'ÉCOUTE
▶ Comprendre des consignes orales

DE LA LECTURE
▶ Comprendre une fiche d'inscription

DES TEXTES
▶ Écrire un texte à l'impératif

Projet : réaliser un sondage

Découvertes

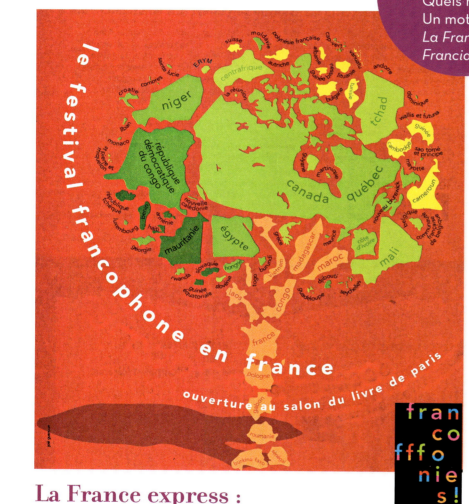

Moi et les autres

Vous aimez les pays étrangers ? Pourquoi ?
Vous apprenez le français ? Pourquoi ?
Quels mots français vous connaissez ?
Un mot pour définir la France :
La France, c'est...
Francia es...

1 • **Regardez l'arbre de la Francophonie.**

Le français dans le monde : la France, le Maroc et ?

La France express : des idées

2 • **Pour vous, la France est :**

	oui	non
un pays riche	☐	☐
un pays étendu	☐	☐
un pays touristique	☐	☐
un pays moderne	☐	☐

Et vous, quelle idée vous avez des Français ?

La France express : des faits

3 • **Regardez la carte et la légende.**

En France, il y a Paris.
En France, il y a aussi Marseille et … ?
En France, on parle aussi breton, provençal, basque, catalan, corse…

PIB par habitant en euros (2005)	
Norvège :	54 277
Suisse :	42 726
Japon :	30 233
Allemagne :	28 624
France :	28 678
Espagne :	23 020
Singapour :	22 690
Philippines :	988
Indonésie :	1 085

Alors, la France, pour vous c'est : …

DES CONVERSATIONS

C'est Florencia !

Pour vous identifier, vous présenter, comment vous dites ?

Добър ден, аз съм Флоренция*

4 • **Écoutez et lisez :**

– *¡Hola!* Bonjour ! C'est Florencia !
– Florencia ?
– Oui ! J'arrive demain à Paris !
  ¡Mañana!
– *¿Cómo?* Ici, à Paris ?
– Oui, oui, Yves ! J'arrive demain,
  je reste dix jours !
– *¡No me lo creo!* C'est génial !

5 • **Écoutez encore et répondez.**

1. Florencia et Yves sont amis.
   OUI ❏   NON ❏

2. Florencia et Yves parlent :
   français ❏
   italien ❏
   anglais ❏
   espagnol ❏

*En Bulgare : « Bonjour, c'est Florencia »

6 • **Cochez vrai ou faux.**

	VRAI	FAUX
1. Florencia habite à Paris.	❏	❏
2. Yves habite à Paris.	❏	❏
3. Yves est mexicain.	❏	❏
4. Florencia est française.	❏	❏

7 • **Cochez la bonne réponse.**

1. Florencia arrive. ❏
2. Yves est triste. ❏
3. Yves est content. ❏

Alors ?

• Pour s'identifier, Florencia dit : …
• Pour montrer son plaisir, Yves dit : …
• Écoutez encore
  et jouez la conversation à deux.

DES MOTS   NOM ET PRÉNOM

En français, on s'identifie par un **nom** (de famille)
et un **prénom** (Yves, Florence).
Et chez vous ?

8 • **Voici des prénoms de France.**
Vous connaissez d'autres prénoms de France ?

PRÉNOMS	
HOMME	**FEMME**
Alexandre	Camille
Benjamin	Amina
Florian	Françoise
Rachid	Chloé
Clément	Léa
François	Fatou
Mehdi	Michèle
Thomas	Marie

9 • Voici le nom de personnages célèbres en France.
Trouvez le prénom.

Exemple :

AZNAVOUR, chanteur
❏ Jean
◼ Charles
❏ Jacques

4. **BINOCHE**, actrice
❏ Julie
❏ Juliette
❏ Catherine

1. **CURIE**, physicienne
❏ Élodie
❏ Émilie
❏ Marie

2. **COUSTEAU**,
océanographe
❏ Jean-Claude
❏ Jacques-Yves
❏ Jean-Paul

3. **HUGO**, écrivain
❏ Vincent
❏ Théodore
❏ Victor

DES RÉPLIQUES | **S'IDENTIFIER, SE PRÉSENTER**

10 • Mettez les répliques de la conversation dans l'ordre.
Écoutez et vérifiez.

– C'est extra !
– À Genève ?
– Salut ! C'est Ludovic. Je suis à Genève.
– Oui, à Genève !

11 • Complétez les conversations
avec : *je suis, c'est, je reste, j'arrive.*

1. – Bonjour, c'est Camille, Camille Lombard.
   – Camille ?
   – Oui, ... demain.
   – Génial !
   – ... trois jours à Marseille.

2. – Allô, c'est Jérôme.
   – Jérôme ?
   – Oui, ... à Nice.
   – C'est super !

3. – Bonjour madame. Je ... Vincent Fabre.
   – Bonjour, monsieur Fabre.
     Vous allez bien ?

COMMUNICATION

En français, pour s'identifier au téléphone, on utilise :

• le prénom, avec les amis
– Allô, bonjour, c'est Florencia.
– Ici, Yves.

• le nom, et le prénom, éventuellement, dans des situations formelles (ex. : au travail)
– Bonjour, monsieur Langevin au téléphone.
– Bonjour, monsieur Langevin. Ici, Roger Moulin.

Pour se présenter, on utilise :

• le prénom et le nom
– Bonjour, Jacques Faguer.
– Enchanté. Moi, je m'appelle Benjamin, Benjamin Lepage.

• monsieur, madame et le nom
– Monsieur Tremblay ?
– Oui. Raymond Tremblay.

• le prénom, dans une conversation entre jeunes
– Salut ! Moi, c'est Ludovic.
– Et moi, je m'appelle Mélanie.

DES FORMES — LES VERBES : je suis, j'arrive, je reste...

En français, il y a **les verbes**, **variables suivant la personne** (je, tu...) et le temps (présent, passé...). Les verbes ont aussi une forme non variable : l'infinitif. Par exemple :

rester (infinitif, non variable, non conjugué)
je reste (personne : je, temps : présent)

12 • Notez les verbes conjugués de la conversation 4 p. 14.

1. Arriver : ...
2. Rester : ...
3. Être : ...

CONJUGAISON

PRÉSENT

ÊTRE
Je suis Robert.
RESTER
Je reste ici demain.
ARRIVER
J'arrive à Nice.

Remarquez :
je devant consonne (je reste)
j' devant voyelle (j'arrive)

J'arrive à Nice

13 • Mettez les verbes *rester*, *être*, *arriver* **au présent.**

1. Je ... cinq jours, à Milan.
2. Je ... Antoine, l'ami de Marie.
3. Je ... en bus demain.

Je reste cinq jours à Milan

LE LIEU : je suis à..., je suis ici...

14 • **Un mot indique le lieu :**

1. Je reste à Nice.
2. Je suis à Bruxelles.
3. J'arrive à Londres demain.
4. Je reste à Rio huit jours.

C'est le mot : ...

15 • **Pour indiquer le lieu où il est, Yves dit : «** *ici, à Paris* **».**
Remplacez « *à + ville* **» par** *ici*.

1. Florencia reste à Paris 10 jours.
   Je reste ... .
2. J'habite à Rabat.
   J'habite ... .
3. Je suis à Lyon.
   Je suis ... .
4. À Nice, c'est le printemps !
   ...

GRAMMAIRE

À indique le lieu où l'on est, où l'on va.
Exemples :
Je suis **à** Madrid demain.
J'arrive **à** Paris.

Ici indique le lieu par rapport à la personne qui parle.
Exemple :
Vous êtes **ici**.

DES SONS | L'INTONATION

🔘 **16** • Écoutez les questions d'Yves. Elles ont une intonation montante (↗).
Répétez les questions.

– Florencia ?
– Ici, à Paris ?

PHONÉTIQUE

À l'oral, pour poser des questions, on peut utiliser l'intonation montante :
– Tu es à Barcelone ? (↗)

🔘 **17** • Écoutez les conversations.
Cochez les répliques à intonation montante.

1. – C'est Arthur ❑
   – Arthur ❑
   – Je suis à Pékin ❑
   – À Pékin ❑
   – Oui ❑
   – Génial ❑

2. – Bonjour, c'est Michel ❑
   – Ah, Michel ❑
   – Je reste un mois à Lille ❑
   – Un mois ❑
   – Oui, un mois ❑
   – C'est extra ❑

🔘 Écoutez à nouveau et vérifiez les réponses.

LE SON [ɛ]

En français, il y a des voyelles : **e fermé [e]** comme dans **génial**
e ouvert [ɛ] comme dans : **je reste, Genève**

🔘 **18** • Écoutez à nouveau la conversation 2 de l'activité 17.
Soulignez les mots avec [ɛ] comme *Bruxelles*. Répétez les répliques correspondantes.

Et maintenant, à vous !

19 • Imaginez et jouez les conversations.

A- Présentez-vous.

B- Monsieur A téléphone à son ami B : il arrive.
À deux, préparez une conversation (4 répliques).

C- Dans la gare, monsieur Daniel Vidal rencontre madame Julie Lauret.
À deux, préparez une conversation (4 répliques).

Message personnel

20 • **Écoutez et cochez la bonne réponse.**

1. On est dans :
une gare ☐
un grand magasin ☐
un aéroport ☐

21 • **Écoutez à nouveau. Choisissez la bonne réponse.**

1. Le vol de Florencia arrive de :
Madrid ☐
Mexico ☐
Miami ☐

3. Il arrive :
Porte 3 P ☐
Porte 6 D ☐
Porte 5 B ☐

2. C'est le vol :
DO13 ☐   TA13 ☐   BA16 ☐

22 • **Que veut dire** *rendez-vous* **? D'après vous, qui attend Florencia ?**

DES LETTRES   L'ALPHABET

23 • **Écoutez l'alphabet français.**

A B C D E F
G H I J K
L M N O P Q
R S T U V
W X Y Z

Répétez. Apprenez par cœur.
Épelez votre nom et votre prénom.

ORTHOGRAPHE

Les accents

Avec les lettres e et a,
on utilise des accents comme dans :
– t**é**l**é**phone (é = e accent aigu)
– Mich**è**le (è = accent grave)
– **à** (= a accent grave) : Je suis **à** Paris.
È et é notent des sons différents. (voir Des sons)
A et à ne notent pas un son différent.

Dans d'autres langues, l'accent note la syllabe accentuée dans les mots (italien : citt**à** ou espagnol : id**é**ntico).

LES NOMBRES

24 • **Écoutez les nombres (1 à 20).**

0 zéro	**3** trois	**6** six	**9** neuf	**12** douze	**15** quinze	**18** dix-huit
1 un	**4** quatre	**7** sept	**10** dix	**13** treize	**16** seize	**19** dix-neuf
2 deux	**5** cinq	**8** huit	**11** onze	**14** quatorze	**17** dix-sept	**20** vingt

Répétez. Observez l'orthographe.

25 • **Écoutez et écrivez les nombres en toutes lettres.**

1. ...   2. ...   3. ...   4. ...   5. ...

À Paris

26 • **Observez les photos. Quels sont les mots comme** *rue* ?

Rue...

Dans les villes de France, il y a des **rues** (rue Émile Zola), des **boulevards** (bd. des Italiens), des **avenues** (Av. des Champs-Élysées, Av. Franklin D. Roosevelt)...
Et chez vous ?

En France, les noms des rues portent souvent le nom d'hommes politiques, d'écrivains, d'artistes...

27 • **Donnez des noms à ces rues.**

28 • Observez les photos puis cochez la bonne réponse.

1. Les séances de cinéma durent :
   3 heures ❏
   4 heures ❏
   2 heures ❏

2. Le docteur Maurel consulte de :
   9 h 00 à 18 h 00 ❏
   15 h 00 à 18 h 00 ❏
   10 h 00 à 15 h 00 ❏

3. Le nom de la boulangerie est :
   À la Croissance ❏
   À la Renaissance ❏
   À la Naissance ❏

4. Le nom du bureau de change est :
   Word wild money transfert ❏
   Transferts d'argent internationaux ❏
   Global Change ❏

5. Recharge véhicules électriques.
   C'est une publicité :
   OUI ❏   NON ❏

6. « À vendre », c'est :
   un grand appartement ❏
   un petit appartement ❏
   une boutique ❏

Rentrer ou rester ?

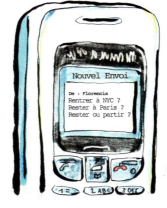

29 • **Lisez les SMS. Cochez oui, non ou ?.**

1. Florencia rentre à Mexico.

OUI ❏   NON ❏   ? ❏

2. Yves invite Florencia à rester en France.

OUI ❏   NON ❏   ? ❏

C'est le printemps !

Alors ?

- Que veut dire **printemps** d'après vous ?
- Que veut dire Yves par : **C'est le printemps** ?
- **Florencia hésite** : Rester ou partir ?
- **Pourquoi** ?

Dans le SMS de Florencia, il y a **des infinitifs** : rentrer, rester, partir.
L'infinitif exprime le sens du verbe, sans temps, sans personne.

GRAMMAIRE

Les infinitifs ont des terminaisons comme : **-er**, **-ir**, **-oir**, **-re**.
Les verbes en infinitif -er, comme parl**er**, rest**er**, téléphon**er**..., sont les plus nombreux.

30 • **Regroupez les verbes de la liste, selon la terminaison.**

rester • choisir • voyager • parler • inviter • recevoir
finir • rêver • rendre • trouver • téléphoner

Partir, voyager, revenir

Et maintenant, à vous !

Avec des infinitifs, on peut faire des textes :

TO BE OR NOT TO BE ?

VAINCRE OU MOURIR !

VOULOIR C'EST POUVOIR !

DORMIR OU TRAVAILLER !

31 • **Avec 3 infinitifs, décrivez votre rêve.**

Exemple : Partir, voyager, revenir !

32 • **Sur le modèle du texte (SMS) de Florencia, inventez quatre choix difficiles.**
Exemples : Dormir ou travailler ?
Être ou avoir ?

Utilisez :

être	partir	voyager
rêver	sortir	chanter
dormir	travailler	partir
rester...		

Alors, votre français ?

NOTIONS ET LEXIQUE

Je sais utiliser les mots concernant :
❏ l'espace
Rue, avenue, boulevard, place
arriver, voyager
gare, aéroport

❏ l'identité
Nom, prénom

❏ la quantité
Les nombres : 1 à 20

COMMUNIQUER

À l'oral, je peux :

❏ m'identifier	*Bonjour, c'est Florencia.*
❏ me présenter	*Moi, je m'appelle Benjamin.*

À l'écrit, je peux :

❏ écrire un SMS	*Rentrer ou rester ?*

GRAMMAIRE

Je sais utiliser :

❏ les verbes *être, rester, arriver*	*je reste, je suis, j'arrive*
❏ la préposition *à*	*à Milan*
❏ l'adverbe *ici*	*ici*
❏ les conjonctions *et, ou*	*Florencia et Yves*

Je sais reconnaître et réciter :

❏ l'alphabet	*A b c d e f g...*

MODULE 1
UNITÉ 2 Ici, en classe

Découvertes

Moi et le français

1 • **Vous connaissez quelles langues ?**

Nom *Language*	Apprise à l'école *Learned at school*	Non apprise à l'école *Learned elsewhere*

2 • **Vous étudiez le français pour :**

❐ visiter la France   ❐ rencontrer des gens   ❐ Internet
❐ le plaisir   ❐ regarder la télé   ❐ les idées
❐ la littérature   ❐ la vie en France   ❐ la profession
❐ l'université   ❐ connaître l'Europe   ❐ le cinéma
❐ lire la presse   ❐ la langue   ...

Le français est dans la classe et dans le monde

Écouter en français :
Radio France internationale (RFI)

RFI informe dans le monde entier. La radio RFI utilise le français, mais aussi :
Le créole (kréyòl)
Le portugais et ... ?

La TV en français : TV5

TV5 émet dans le monde entier. Les programmes sont sur le site TV5.monde (www.tv5.org).

Il y a une rubrique *langue française*.

3 • **Cherchez la rubrique dictionnaire.**

Voici par exemple, le mot *plaisir*.

4 • **Connectez-vous et cherchez des mots.**

FRANCE 24

L'ACTUALITÉ INTERNATIONALE 24H/24
24 HR INTERNATIONAL NEWS CHANNEL
قناة 24 ساعة للأخبار الدولية

La nouvelle chaîne FRANCE 24 (www.france24.com) créée, en décembre 2006, donne une vision française de l'actualité dans le monde.
La chaîne est en français, en anglais et en arabe.

Quel est le site de France 24 ?

Des idées pour le monde : l'Organisation internationale de la francophonie (OIF)

D'après vous, francophonie veut dire : ...
L'OIF est une organisation internationale ; elle regroupe plus de 60 états et gouvernements.
www.francophonie.org

5 • **Regarder le logo. Observez la photo. Relevez les verbes et cherchez le sens.**

L'OIF est pour :
la diversité des langues et des cultures, la démocratie, la paix, la justice, l'éducation et la jeunesse...

Bienvenue au cours de français

Pour vous présenter, comment vous dites ?

こんにちわ。私はえく 子です。*

6 • Écoutez et lisez :

– Bonjour ! Moi, c'est Isabelle.
   Je suis votre professeur.
– Bonjour, euh… moi, Manuel Beltrame,
   brésilien, de Salvador.
– Qu'est-ce que tu fais, Manuel ?
– UNESCO.
– Moi, c'est Ekuko, je…, étudiante…
   fashion… mode.
– Bienvenue au cours de français !
– […]
– Bien. Prenez le livre, page 8. Écoutez…

*En Japonais : « Bonjour, moi, c'est Ekuko »

7 • Écoutez encore et répondez.

1. Combien de personnes parlent ?
   Cinq personnes. ❏   Trois personnes. ❏   Quatre personnes. ❏

2. C'est : un cours de français   ❏
             un cours de mode   ❏
             un cours de brésilien   ❏

3. Les étudiants parlent bien français.
             oui ❏   non ❏

4. Le cours : commence   ❏
              finit   ❏

Alors ?

• **Pour se présenter, le professeur dit :…**
• **Écoutez encore. Jouez la conversation à trois.**

8 • Écoutez à nouveau. Cochez les bonnes réponses.

Isabelle donne :   son nom ou son prénom ❏   sa profession ❏
Manuel donne :   son nom ou son prénom ❏   sa profession ❏
Ekuko donne :   son nom ou son prénom ❏   sa profession ❏

Le pays d'origine de Manuel est : l'Argentine ❏   la Chine ❏
                                  le Brésil ❏   le Japon ❏

DES MOTS   ORIGINES

Pour donner son origine, on dit :
Je viens de Belgique.
Pour donner sa nationalité, on dit :
Je suis japonaise, de Kyoto.

9 • Observez :

la France :   fran**çais**, fran**çaise**   la Chine :   chin**ois**, chin**oise**
la Pologne :   polon**ais**, polon**aise**   la Suède :   suéd**ois**, suéd**oise**

l'Algérie :   algér**ien**, algér**ienne**   le Mexique :   mexic**ain**, mexic**aine**
la Norvège :   norvég**ien**, norvég**ienne**   la Roumanie :   roum**ain**, roum**aine**

Mais :

la Grèce :   grec, grecque
la Belgique :   belge, belge
la Bulgarie :   bulgare, bulgare
l'Argentine :   argentin, argentine

Devinez l'adjectif de :
Irlande : ...
Syrie : ...
Japon : ...
Maroc : ...

Donnez votre nationalité.

COMMUNICATION

On peut aussi indiquer la province, la ville :
Je suis brésilien, de Salvador.

10 • Complétez les phrases, d'après les suggestions.

Exemple : Moi, c'est Luc ... (français/Bordeaux)
➔ Moi, c'est Luc. Je suis français, de Bordeaux.

1. Je ... (japonais/Nagoya)
2. Moi, ... (Yassine/tunisien/Monastir)
3. Moi, je ... (espagnol/Séville)
4. Je ... (Stella/roumaine/Costantza)

Nationalité		
-ais/-aise	Il est français	Elle est française
-ien/-ienne	Il est italien	Elle est italienne
-ois/-oise	Il est chinois	Elle est chinoise
-ain/-aine	Il est mexicain	Elle est mexicaine

Je suis japonaise, de Kyoto.

DES RÉPLIQUES   **SE PRÉSENTER**

11 • Mettez les répliques des conversations dans l'ordre.

1. – De Francfort, monsieur.
    – Bonjour ! Peter, Peter Neumann.
    – Bonjour Peter. Vous venez d'où ?
    – Je suis étudiant en management.
    – Qu'est-ce que vous faites ?

2. – Oui, rue de la République.
    – Euh, moi, c'est Justin.
    – Moi, c'est Nadja. Et toi ?
    – Tu habites par ici ?

Écoutez et vérifiez vos répliques.

12 • Complétez et jouez les conversations.

1. – Bonjour, tu t'appelles comment ?
    – ...
    – Tu fais quoi ?
    – ...
    – Tu parles bien français !

2. – Tu habites où ?
    – ... . Et toi ?
    – ...
    – Ah ! En France !

COMMUNICATION

Pour faire connaissance, on donne son nom, sa profession, son origine, sa résidence.
On dit :

• nom
– Tu t'appelles comment ?
– Moi, c'est Manuel. Et toi ?

– Je m'appelle Soade. Et toi ?
– Moi, c'est Natacha.

• profession
– Qu'est-ce que tu fais ?
– Je suis vendeur dans une librairie.

• résidence
– Tu habites où ?
– À Strasbourg.

• origine
– Vous êtes d'où, Ekuko ?
– De Kyoto, Japon.

DES FORMES   TU OU VOUS ?

13 • Lisez le tableau de grammaire.

GRAMMAIRE

**Vous est le pronom de 2ᵉ personne du pluriel.
On utilise vous pour s'adresser à plusieurs personnes.**
Alors, les enfants, vous aimez ça ?

On utilise vous aussi pour s'adresser à une seule personne.
Monsieur, vous restez trois nuits à l'hôtel ?

C'est le vouvoiement, forme importante de la politesse verbale en français.

14 • Regardez les conversations de l'activité 11, p. 27. Répondez.

	OUI	NON
1. On utilise *tu* entre amis, entre jeunes, en famille.	❏	❏
2. On utilise *vous* ou *tu* dans les relations formelles.	❏	❏
3. Dans les relations formelles, on utilise *vous*.	❏	❏

15 • Complétez par *vous* ou *tu*, selon le cas.

1. – Euh ! Excusez-moi, monsieur.
   (tu/vous être) Raymond Leymarie ?
   – Ah non, pas du tout !
2. – Allô ! Marie-France, alors tu arrives ?
   – Euh… (tu/vous être) où exactement ?
3. – Bonjour monsieur le directeur,
   (tu/vous) allez bien ?
   – Oui, merci. Et (tu/vous) ?

Bonjour, monsieur le directeur

VOUS   TU

On dit **vous surtout à un supérieur, une personne âgée, inconnue…**

CONJUGAISON DES VERBES : présent

16 • **Voici des formes verbales déjà utilisées :** *je suis, tu habites, vous aimez…*

Les verbes français changent de forme selon la personne (et le temps) :
c'est la conjugaison.

CONJUGAISON : PRÉSENT

RESTER
Je reste à Paris.
Tu restes à Marseille ?
Vous restez ici, d'accord !

ÊTRE
Je suis à l'aéroport.
Tu es à New York ?
Vous êtes à l'hôtel ?

En français, il y a six personnes (3 au singulier et 3 au pluriel) :
Je
Tu
Il/Elle
Nous
Vous
Ils/Elles

**Je, tu, il… indiquent la personne ;
ils sont obligatoires devant le verbe.**

17 • **Mettez les verbes au présent.**

1. Vous (arriver) demain ?
2. Tu (être) étudiant ?
3. Je (rester) 10 jours, à Lyon.
4. Tu (habiter) à Montréal ?
5. Vous (être) de Turin ?
6. Tu (vérifier) tes réponses.

Vous restez à l'hôtel ?

HOTEL DE LA PLAGE

DES SONS   LE SON [e]

18 • **Réécoutez et lisez la conversation 6 p. 26.**
Soulignez et répétez les mots avec le son e fermé [e], **comme** *étudiante*.

19 • **Écoutez et cochez la case quand vous entendez le son** [e].

1. ❏   4. ❏
2. ❏   5. ❏
3. ❏   6. ❏

20 • **Écoutez les mots par deux.**
Soulignez les mots avec le son [e].

1. Restaurant   résidence
2. Vélo   verbe
3. Brésil   Brest
4. Emma   Émilie

Et maintenant, à vous !

21 • **Imaginez et jouez les conversations.**

A- Frédérique, étudiante française de Lille et Marcus, jeune journaliste suédois, de Stockholm, se rencontrent dans un café.
(6 répliques)
Frédérique : – Bonjour !...
Marcus :   – ...

B- Présentez-vous à deux.
(4 répliques)

Einstein

C- Présentez-vous : vous êtes Einstein, Marilyn Monroe, Cassius Clay, Madonna, Picasso, Léonard de Vinci, Elvis Presley, la reine d'Angleterre, Michael Schumacher, Zinédine Zidane, Indiana Jones...

Écoutez

22 • **Écoutez le professeur. Répondez.**

1. Le professeur :
   parle à la classe ❏
   parle à Ekuko ❏
   parle au directeur ❏

2. Le professeur :
   explique ❏
   se présente ❏
   donne des instructions ❏

23 • **Le professeur dit :**

1. Situation a :
   répétez *bienvenue* ❏
   remplacez *bienvenue* ❏
   écoutez *bienvenue* ❏

2. Situation b :
   écoutez les enregistrements ❏
   ouvrez le livre ❏
   parlez français ❏

3. Situation c :
   lisez le livre ❏
   écoutez l'enregistrement ❏
   écoutez le professeur ❏

4. Situation d :
   parlez à deux ❏
   écrivez le nom du professeur ❏
   écoutez ❏

24 • **À vous ! Imaginez : vous êtes professeur, vous donnez deux instructions à la classe.**

DES LETTRES   (E et É)

25 • **Écoutez et lisez les enregistrements.**

1. « – Moi, c'est André. Je suis belge.
   – Moi, je suis Émilie, de Montréal.
     Je suis ici pour mes études. »
2. « *Prenez votre cahier et notez quatre noms
   de villes françaises.* »

1. **Soulignez les mots avec le son [e] noté par la lettre** é.

2. *É* **(e accent aigu) se prononce ouvert ou fermé ?**

3. **Écoutez l'enregistrement. Soulignez les mots avec [e] non noté par** é.

ORTHOGRAPHE

En français, le son [e] est noté par :
– la lettre **é** (é = e avec un accent aigu) :
      Andr**é**, r**é**pondre

– la lettre **e** devant une consonne finale (non prononcée) :
      cahi**e**r, not**e**z

Certaines lettres finales (consonnes) ne se prononcent pas.
Par exemple :
- **-r** : on écrit cahie**r**, on dit [kaje]
- **-z** : on écrit note**z**, on dit [nɔte]
- **-s** : on écrit je sui**s**, on dit [syi]
- **-x** : on écrit deu**x**, on dit [dø]

Fiche d'inscription

Centre de français
de Boulouris (Var)

Fiche d'inscription

Nom de l'étudiant/e *(surname)* ....

Prénom *(first name)* ....

Date de naissance *(date of birth)* : _ _/ _ _/ _ _ _ _

Lieu de naissance *(place of birth)* ....

Pays *(country)* ....

Langues connues *(languages you speak)* ....

....

Niveau en français

❑ A1   ❑ A2   ❑ B1   ❑ B2   ❑ C1   ❑ C2

Pourquoi le français ?

....

....

....

Cours

❑ Français général
❑ Français professionnel
❑ Conversation

Paiement

❑ par CB   ❑ par chèque   ❑ en espèces

Date   **Signature**

26 • **Lisez la fiche d'inscription. Cochez les bonnes réponses.**

1. C'est :
❏ pour le passeport
❏ pour la police
❏ pour le cours de français

2. On demande :
❏ l'adresse en France
❏ le nom
❏ l'âge
❏ la nationalité

Vous connaissez les niveaux : A1…?

Complétez la fiche d'inscription.

27 • **CB signifie :**

carte bancaire ❏
carte de Boulouris ❏
carte de bibliothèque ❏

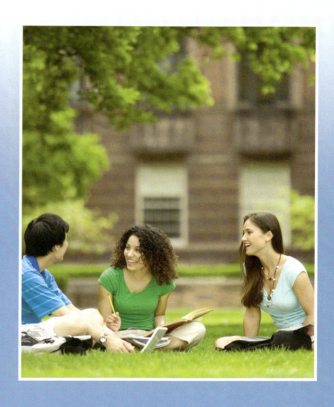

28 • **Dans les fiches d'inscription, on demande aussi :**

– profession : …
– état civil : …
      célibataire ❏
      marié(e) ❏
      divorcé(e) ❏
– adresse : …
– courriel : …
– téléphone : …

On demande aussi :
– études : …
– université : …
– diplômes : …
– boursier : …

Cherchez le sens des mots.

Le manuel de français

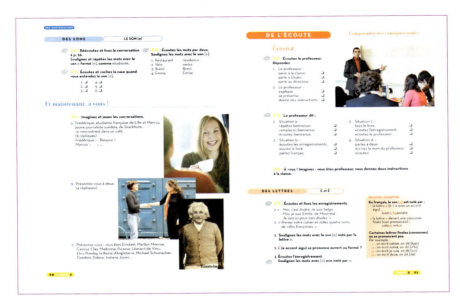

29 • **Dans le livre de français, on donne des instructions pour apprendre :**

Écoutez	Jouez à deux
Observez les mots	Soulignez les mots	Présentez-vous

Cherchez d'autres instructions sur la page du manuel.

...

DES FORMES   L'IMPÉRATIF

En français, on donne les instructions à la **forme impérative** du verbe (ou **impératif**), comme dans votre manuel.

30 • **Mettez à l'impératif, à la 2ᵉ personne du pluriel.**

1. Écouter → ...
2. Jouer → ...
3. Observer → ...
4. Relier → ...
5. Compléter → ...
6. Souligner → ...

> **CONJUGAISON**
>
> **IMPÉRATIF DES VERBES EN -ER : ÉCOUTER**
>
> 2ᵉ personne du singulier, *tu* :
> **Écout-e** la musique.
>
> 2ᵉ personne du pluriel, *vous* :
> **Écout-ez** la chanson.

31 • **Complétez par l'impératif à la 2ᵉ personne du singulier et du pluriel.**

Exemples :
(Fermer) le livre !   → Ferme le livre/Fermez le livre.

1. (Inventer) 3 noms de rue.
2. (Observer) les nombres de 5 à 10.
3. (Écouter) encore l'enregistrement.
4. (Cocher) les bonnes cases.

Et maintenant, à vous !

Pour bien rêver

Observez le ciel.
Regardez les hirondelles.
Écoutez la ville.
Comptez les avions.
Lisez dans les nuages.

32 • **Lisez. Vous comprenez :** *observez ; regardez …*

Reliez les mots aux photos.

1. Hirondelles   photo : …
2. Avions   photo : …
3. Nuages   photo : …

33 • **Sur le modèle de** *Pour bien rêver*, **imaginez d'autres textes, à partir des suggestions.**

Pour une bonne soirée
Téléphonez à un ami, fixez un rendez-vous, achetez des CD…

Pour une fête de l'immeuble
Achetez des pizzas, invitez les voisins, mangez, parlez…

Pour la fête du cours de français….

Alors, votre français ?

COMMUNIQUER

À l'oral, je peux :

❏ donner mon nom	*Moi, je suis Isabelle.*
❏ ma profession	*Je suis votre professeur…*
❏ mon origine	*Je suis brésilien.*

À l'écrit, je peux :

❏ écrire un texte à l'impératif	*Observez le ciel, regardez les hirondelles…*

GRAMMAIRE

Je sais utiliser :

❏ les verbes être, *rester* au présent, à l'impératif	*je suis, tu es, vous êtes* *je reste, tu restes, vous restez* *reste, restez*
❏ les prépositions à, de	*J'habite à Nice. Je suis de Kyoto.*
❏ les adjectifs de nationalité masculin/féminin	*Mexicain/mexicaine* *Chinois/chinoise…*
❏ l'adverbe où	*Tu habites où ?*

NOTIONS ET LEXIQUE

Je sais utiliser les mots concernant :

    ❏ l'espace
Habiter à
J'habite à Strasbourg.
    ❏ l'identité
Nom, prénom
      ❏ la nationalité
Je suis français de Bordeaux.
      ❏ les noms et adjectifs de pays
La Belgique, l'Argentine…
Belge, argentin…

Réaliser un sondage

**On a souvent des idées toutes faites sur les autres pays,
les habitants…
Il faut identifier ces idées : elles sont souvent approximatives.**

● **Vous allez réaliser un sondage-enquête sur les « idées » sur la France dans votre classe.**

- Utilisez la technique d'association de mots.
  Quand on dit « France, *Français* …, », vous pensez à…
- Notez immédiatement, sans réfléchir, 3 mots (en français, dans votre langue…)
  sur un petit bout de papier.
- En petits groupes, comparez les réponses (mots répétés),
  classez les mots (adjectifs, noms d'objets, de personnages, de lieux…).
- En grand groupe, comparez les résultats. (beaucoup de mots différents ou peu,
  noms de lieux, de personnes…)
  Quelle est l'impression générale : positive ou négative ?
- Expliquez votre choix de mots.
  (influence du cinéma, de l'école, de la télévision et de la presse, d'un voyage…)

● **Vous allez réaliser une enquête.**

- Cherchez des publicités de produits français dans votre pays : films,
  alimentation, parfums… (publicités dans la rue, à la télévision, dans la presse, etc.)

  Notez les noms des produits.
  Regardez les images : on montre…
  Regardez le texte des publicités : il y a des mots français ?
  Quelle idée de la France donnent les publicités ?

● **Résumez le résultat du sondage et de l'enquête.**

  Par exemple : notez les noms fréquents (positifs, négatifs) pour la France et les
  Français, les raisons des choix…

● **Présentez votre travail à d'autres classes.**

  Vous pouvez faire une présentation Powerpoint, si vous le souhaitez.

PRÉPARATION AU DELF A1

Compréhension de l'oral

COMPRENDRE DES ANNONCES

Écoutez l'annonce.

1 • Vous êtes :

dans un aéroport ❏

dans une gare routière ❏

dans une gare ❏

2 • Le train arrive :
de Nîmes ❏
de Lille ❏
de Nice ❏

3 • Il arrive :
voie 17 ❏
voie 7 ❏
voie 6 ❏

DES CONVERSATIONS (5 points)

1 • **Mettez les répliques de la conversation dans l'ordre.** *2,5 points*

– C'est génial !
– Thomas ?
– Oui, Sabine, je suis à l'aéroport de Buenos Aires. J'arrive demain à Toulon.
– Allô, bonjour. C'est Thomas.
– Oui. Je reste une semaine.
– Ici, à Toulon ?

2 • **Complétez la conversation.** *2,5 points*

– Moi, c'est Tristan. Et toi ?
– ...
– Tu habites où ?
– ...
– Alors tu es belge !

Vous avez : 5 points. Très bien !
Vous avez : moins de 3 points. Revoyez les pages 15 et 27 du livre.

DES FORMES (3 points)

3 • **Complétez par la forme correcte du verbe et le bon pronom personnel, à partir des indications.** *1,5 point*

1. *Rester* ici ? ➜ ... ici ?
   (André à son ami Fred)
2. *Être* à la gare ? ➜ ... à la gare ?
   (Monsieur Gubian à son directeur)
3. *Arriver* demain. ➜ ... demain.
   (Patrice à sa femme)

4 • **Remplacez** *ici* **par** *à + ville.* *1,5 point*

1. Vous arrivez ici quand ? (Reims)
2. Alors, tu restes ici une semaine ? (Toulouse)
3. Tu es ici pour trois jours. (Genève)

Vous avez : 3 points. Très bien !
Vous avez : moins de 1,5 point. Revoyez les pages 16, 17, 28 et 29 du livre.

DES SONS ET DES LETTRES (3 points)

5 • **Écoutez et cochez les phrases à intonation montante.** *0,5 point*

1. ☐   2. ☐   3. ☐   4. ☐   5. ☐   6. ☐

6 • **Lisez, écoutez et complétez par les nombres (en toutes lettres).** *1 point*

1. Les ... saisons.
2. L'agent ... .
3. La guerre de ... ans.

7 • **Écoutez et ajoutez l'accent aigu sur** *e* **quand vous entendez le son** [e]. *1,5 point*

1. Suedois   4. Norvegienne
2. Bresilien   5. Belge
3. Grec   6. Bulgare

Vous avez : 3 points. Très bien !
Vous avez : moins de 1,5 point. Revoyez les pages 19, 30 et 31 du livre.

DE L'ÉCOUTE (3 points)

8 • **Écoutez et cochez la bonne réponse.** *3 points*

1. Le vol :

décolle ☐   atterrit ☐

2. C'est le vol :
   OG15 ☐   EJ16 ☐   AJ6 ☐
3. Il arrive :
   d'Oslo ☐   de Malmö ☐   d'Odense ☐
4. Il arrive :
   Porte 14V ☐   Porte 3R ☐   Porte 4F ☐

Vous avez : 3 points. Très bien !
Vous avez : moins de 1,5 point. Revoyez la page 19 du livre.

9 • **Regardez et lisez. Puis répondez.** *1,5 point*

1. C'est pour :
   l'inscription à un cours ❏
   la réservation d'un vol en ligne ❏
   la fiche d'un hôtel ❏

2. Réserver un vol.
   Complétez les informations.
   Vol : n°... de ... à ...
   Jour : dimanche ...
   Heure : ... h ...

3. Vos coordonnées.
   Complétez la seconde partie du document.

10 • **Dans la fiche, on demande aussi :** *1,5 point*

	OUI	NON
a. la nationalité	❏	❏
b. le numéro de la carte Visa	❏	❏
c. le numéro de portable	❏	❏

Vous avez : 3 points. Très bien !
Vous avez : moins de 1,5 point. Revoyez les pages 32 et 33 du livre.

DES TEXTES (3 points)

11 • **Imaginez un texte, à l'impératif, pour réserver un vol sur Internet. Utilisez les suggestions pour écrire le texte.**

regarder les horaires
sélectionner le vol
compléter la fiche de vos coordonnées
donner le n° de carte Visa (ou de carte bleue)

Vous avez : 3 points. Très bien !
Vous avez : moins de 1,5 point. Revoyez les pages 34 et 35 du livre.

Évaluez-vous : comptez vos points !
Si vous avez moins de 10 points, il faut travailler plus !

J'APPRENDS LES LANGUES

Vous apprenez une nouvelle langue : le français.
Comment vous apprenez les langues ?

Répondez au test.

1 • Est-ce que vous aimez apprendre les langues ?
OUI ❏   NON ❏

2 • Vous demandez de l'aide pendant une conversation en langue étrangère.
Vous dites : Pouvez-vous répéter ? Je n'ai pas compris... Comment on dit... ?
OUI ❏   NON ❏

3 • Vous cherchez à deviner quand vous ne comprenez pas ?
OUI ❏   NON ❏

4 • Quand vous pensez faire une faute de grammaire, vous ne parlez pas ?
OUI ❏   NON ❏

5 • Quand on ne vous comprend pas, vous utilisez une autre langue ?
OUI ❏   NON ❏

6 • Est-ce que vous aimez voir des films étrangers en version originale ?
(avec ou sans sous-titres)
OUI ❏   NON ❏

7 • Est-ce que vous regardez des chaînes TV étrangères ?
OUI ❏   NON ❏

8 • Est-ce que vous écoutez des radios étrangères ?
OUI ❏   NON ❏

9 • Est-ce que vous lisez des documents en langue étrangère sur Internet ?
OUI ❏   NON ❏

10 • Vous parlez dans votre langue avec des étrangers ?
OUI ❏   NON ❏

11 • Vous utilisez un dictionnaire pour apprendre ?
OUI ❏   NON ❏

▶ **Ce test montre qu'on apprend les langues de différentes manières.**
Soyez dynamiques : posez des questions, demandez des explications,
n'ayez pas peur des fautes !
Apprenez à apprendre et utilisez toutes les stratégies pour apprendre ! ◀

Alors ? vos résultats ?

Questions 1/2/3/5/6/7/8/9/10/11: OUI et question 4 : NON. *C'est très bien, vous avez de bonnes stratégies !*
Questions 1/2/3/5/6/10 OUI et questions 4/7/8/9/11 : NON. *C'est bien ! Utilisez toutes les occasions d'apprendre.*
Moins de cinq réponses positives. *Courage ! Les possibilités de pratiquer une langue sont nombreuses.*

CONTRAT D'APPRENTISSAGE

Le module 2 propose des activités pour apprendre à :

UNITÉ 3 Samedi	**UNITÉ 4 Dimanche**

INTERACTION

UNITÉ 3 Samedi

DES CONVERSATIONS
▶ S'informer sur un lieu
▶ S'informer sur quelque chose

UNITÉ 4 Dimanche

DES CONVERSATIONS
▶ Acheter quelque chose

RÉCEPTION ORALE

DE L'ÉCOUTE
▶ Comprendre une annonce

DE L'ÉCOUTE
▶ Comprendre les titres du journal à la radio

RÉCEPTION ÉCRITE

DE LA LECTURE
▶ Comprendre un article (titres + illustrations)

DE LA LECTURE
▶ Comprendre les informations d'une couverture de magazine

PRODUCTION ÉCRITE

DES TEXTES
▶ Écrire des slogans

DES TEXTES
▶ Inventer des noms de journaux

Projet : réaliser un quiz

Samedi

Découvertes

Le fil du temps

La journée

En France, en général :
- Dans les villes, les bureaux et les commerces ouvrent vers 9 h 00
- On déjeune à 12 h 30 ou à 13 heures
- L'école finit à 16 h 30
- Les commerces ferment vers 19 h 00
- Les informations TV du soir sont à 20 h 00
- On dîne vers 19-20 h 00
- Le métro s'arrête vers 00 h 30

Et chez vous ?

La semaine

1 • **Quel jour vous aimez ? Pourquoi ?**

	+	++	–
Lundi			
Mardi			
Mercredi			
Jeudi			
Vendredi			
Samedi			
Dimanche			

En France :

Lundi
c'est le début de la semaine ; les boutiques ferment le matin

Mercredi
pas d'école

Vendredi
fin de la semaine !

Lundi	☹☹
Mardi	☹
Mercredi	😐
Jeudi	☺
Vendredi	☺☺

Vendredi soir à dimanche
c'est le week-end !

Dimanche soir
fin du week-end !

L'année

Juillet	Août	Septembre	Octobre	Novembre	Décembre	Janvier
S 1	M 1	V 1	D 1 Ste Thérèse de l'E.J.	M 1 Toussaint	V 1	L 1 Jour de l'An
D 2 St Martinien	J 2	S 2	L 2	J 2	S 2	M 2
L 3	V 3	D 3 St Grégoire	M 3	V 3 Avent	D 3 Avent	J 3
M 4	S 4	L 4	M 4	S 4	L 4	V 4
M 5	D 5	M 5	J 5	D 5 Ste Sylvie	M 5	S 5
J 6	M 6 Transfiguration	M 6	V 6	L 6	M 6	D 6
V 7	L 7	J 7	S 7	M 7	J 7	D 7 Epiphanie
S 8 Ste Amandine	M 8	V 8	D 8 Ste Pélagie	M 8	V 8	L 8
D 9 Ste Amandine	J 9	S 9	L 9	V 9	S 9	M 9
L 10	V 10	D 10 Ste Inès	M 10	S 10	D 10 St Romaric	M 10
M 11	S 11	L 11	M 11	S 11 Armistice 1918	L 11	J 11
M 12	D 12	M 12	J 12	D 12 St Christian	M 12	V 12
J 13	L 13 St Hippolyte	M 13	V 13	L 13	J 13	S 13
V 14 Fête Nationale	M 14	J 14	S 14	M 14	V 14	D 14 Ste Nina
S 15	M 15 Assomption	V 15	D 15 Ste Thérèse d'A.	M 15	S 15	L 15
D 16 N.D. Mt Carmel	J 16	S 16	L 16	J 16	D 16	M 16
L 17	V 17	D 17 St Renaud	M 17	V 17	L 17 St Gaël	M 17
M 18	S 18	L 18	M 18	S 18	M 18	J 18
M 19	D 19	M 19	J 19	D 19 St Tanguy	M 19	V 19
J 20	L 20 St Bernard	M 20	V 20	L 20	J 20	S 20
V 21	M 21	J 21	S 21	M 21	V 21	D 21 Ste Agnès
S 22	M 22	V 22	D 22 Ste Élodie	M 22	S 22	L 22
D 23 Ste Brigitte	J 23	S 23	L 23	J 23	D 23	M 23
L 24	V 24	D 24 Ste Thècle	M 24	V 24	L 24 Adèle	M 24
M 25	S 25	L 25	M 25	S 25	M 25 Noël	J 25
M 26	D 26	M 26	J 26	D 26 Ste Delphine	M 26	V 26
J 27	L 27 Ste Monique	M 27	V 27	L 27	J 27	S 27
V 28	M 28	J 28	S 28	M 28	V 28	D 28 St Th. d'Aquin
S 29	M 29	V 29	D 29 St Fidel	M 29	S 29	L 29
D 30 Ste Juliette	J 30	S 30	L 30	J 30	D 30	M 30
	V 31		M 31		L 31	M 31

2 • Cherchez les jours fériés.

1. Fêtes religieuses :
   15 août : ...
   ... : Noël
2. Fêtes civiles :
   ... : fête nationale
   ...

- Le 11 novembre, on fête l'armistice de 1918
- Le 8 mai, la victoire de 1945
- Le 15 août, l'Assomption

Voici l'année des Français

septembre
la rentrée (des classes, de la vie politique)

octobre et novembre
l'automne, avec la Toussaint

décembre
le froid arrive ; fêtes de Noël en famille

le premier janvier
le Nouvel An

février / mars
les vacances d'hiver (deux semaines)

avril / mai
les vacances de printemps (deux semaines)

juillet et août
l'été et les grandes vacances

En France, on a 5 semaines par an de vacances payées.

Et chez vous, comment est l'année ?

Les colocataires

Pour s'informer sur un lieu ou sur quelque chose, comment vous dites ?

"לאיפה אתה הולך?" *

3 • Écoutez et lisez :

Marina : — Je fais le ménage, alors ?
Blandine : — D'accord. Et moi, je fais les courses.
Marina : — Ah oui, urgent ! Le frigo est vide ! Tu vas où ?
Blandine : — À côté de la Poste, comme d'habitude. Laurent !
Laurent : — Oui, oui, Blandine, j'arrive ! J'adore visiter les supermarchés ! Qu'est-ce qu'il faut acheter ?

*En hébreu : « Tu vas où ? »

4 • Écoutez encore et répondez.

	oui	non	?
1. Marina, Blandine et Laurent habitent ensemble.	❑	❑	❑
2. Ils sont frères et sœurs.	❑	❑	❑
3. Ils parlent des études.	❑	❑	❑
4. Ils parlent des choses à faire.	❑	❑	❑

5 • Répondez.

Faire le ménage signifie : *nettoyer* la maison/l'appartement.

Alors, *Faire les courses* signifie :

marcher	❑
regarder	❑
acheter des produits	❑

6 • Cochez la bonne réponse.

	le ménage	les courses
1. Marina fait :	❑	❑
2. Blandine fait :	❑	❑
3. Laurent fait :	❑	❑

7 • D'après vous, que veut dire :

frigo
urgent
urgent ! Le frigo est vide !

Alors quel sens possible pour...
Supermarché
visiter
adorer

Alors ?

- **Pour demander une information sur un lieu (supermarché), Marina dit :**
- **Pour demander quelles courses il faut faire, Laurent dit : ...**
- **Écoutez encore et jouez la conversation à tr**

DES MOTS	LES COURSES

8 • Voici les courses de Blandine et Laurent : lisez.

Au supermarché
3 steaks
6 œufs
1 poulet
1 salade
1 kg de tomates
1 kg de pommes de terre
500 gr de carottes
3 pizzas surgelées
1 kg de pommes

1 kg d'oranges
2 l de lait
250 gr de beurre
1 paquet de riz
1 bouteille d'Orangina
12 yogourts
1 pot de Nutella
6 bouteilles d'eau minérale

À la boulangerie
2 baguettes

Dans la liste des courses p. 44, cherchez :
– les fruits : *pommes…*
– les légumes : *salade…*

9 • **Voici des plats pour un repas ordinaire
en France (midi ou soir).**

Note :
• un steak
• un œuf
• un poulet
• une salade
• une tomate
• une pomme
• une carotte
• une pizza
• une orange
• une baguette
• un yaourt
• une bouteille
• un fruit
• une tarte
• un citron

Entrée
Œufs mayonnaise
Carottes à la sauce vinaigrette

Plat principal
Tomates farcies
Steak frites
Poulet, riz
Rôti de bœuf, pommes de terre

Dessert (et/ou fromage)
Fruit
Yaourt
Tarte (au citron, aux pommes…)

**Imaginez un repas des colocataires,
à partir de la liste des courses p. 44.**

Entrée : …
Plat : …
Fromage/dessert : …

DES RÉPLIQUES   S'INFORMER

10 • **Complétez les conversations.**

Dans la rue
Jeune femme : – S'il vous plaît ? … ?
Agent : – Le magasin bio Natura ?
À gauche, à deux minutes,
mademoiselle.

Au magasin bio
Jeune femme : – Monsieur, s'il vous plaît, … ?
Vendeur : – Le riz est à gauche de la farine, là.
Jeune femme : – Excusez-moi encore, … ?
Vendeur : – Le lait ? À côté des fruits.

11 • **Complétez la conversation
d'après les indications.**

Florencia : – Yves, (s'informer sur quelque
chose) … ?
Yves : – C'est le cassoulet de maman.
Florencia : – Mais (s'informer sur la chose) … ?
Yves : – Le cassoulet, c'est un plat du Sud-
Ouest. Saucisses et haricots,
comme dans les westerns !

COMMUNICATION

**En français, pour s'informer
sur le lieu, on utilise où :**

– Tu vas où ?
– Je vais au supermarché, à côté
de la poste/devant la mairie/
derrière le lycée/à côté
du métro…

– Où est la farine, s'il vous plaît ?
– Là, à droite/sous l'étagère/sur
l'étagère à gauche des pâtes…
– Merci, madame !

**Pour s'informer sur quelque chose,
on utilise qu'est-ce que :**

– Qu'est-ce qu'il faut acheter ?
– Deux baguettes.

– Qu'est-ce que c'est ?
– C'est un poulet surgelé.

DES FORMES — LE/LA, LES

12 • Observez *le, la, les*.

1. C'est le cassoulet de maman.
2. Le riz est à gauche, la farine à droite.
3. Je fais les courses.

Le/la, les sont devant les noms. Ils présentent les noms comme existants ou connus. En grammaire, on les appelle **articles définis**.

GRAMMAIRE

En français, les noms ont un genre : masculin (m.) ou féminin (f.).

Pour les êtres animés, le genre correspond généralement au sexe (*le père, la mère*).

Pour les choses, la correspondance est imprévisible (*la chaise, le fauteuil*).

Le va avec les noms masculins, au singulier.

le père de Blandine

La va avec les noms féminins, au singulier.

la sœur de Laurent

13 • Complétez avec *le, la, les*.

1. ... supermarché ferme le dimanche.
2. ... colocataires de Laurent sont Marina et Blandine.
3. ... Poste se trouve rue Hyppolite Lebas.
4. Madame, où sont ... fruits, s'il vous plaît ?

Les va avec les noms pluriels, au féminin et au masculin.

les yaourts (le)
les pommes (la)

Avec les, on ne peut pas reconnaître le genre.

À noter :
Devant une voyelle :
le, la = *l'* (l apostrophe)
l'œuf (m.), l'eau (f.), l'ami (m.)

14 • Observez *le, la, les, à, de* et complétez le tableau de grammaire.

1. J'habite au numéro 12. (le numéro)
2. L'appartement des jeunes colocataires se trouve à Paris. (les colocataires)
3. La cuisine du Sud-Ouest est riche. (le Sud-Ouest)
4. Les carottes à la sauce vinaigrette, tu aimes ? (la sauce)
5. La tarte aux pommes, j'adore ! (les pommes)
6. Le pain de la boulangerie est meilleur. (la boulangerie)

GRAMMAIRE

Le, les se combinent avec **à** et **de**.

1. (à + le) = ...
   Je vais ... supermarché.
2. (à + les) = ...
   Le professeur parle ... étudiants.

Mais à et la ne se combinent pas.
Je vais à la poste.

3. (de + le) = ...
   C'est un plat ... Sud-Ouest.
4. (de + les) = ...
   Les pommes sont à côté ... salades.

Mais de et la ne se combinent pas.

Le coin de la rue

15 • Complétez par *au, à la, aux, du, de la, des*.

1. Je vais acheter deux baguettes ... boulangerie. (f.)
2. L'école est à gauche ... rue Jules Verne. (f.)
3. Le magasin bio se trouve à côté ... lycée. (m.)
4. Tu fais le ménage ... appartement ? (m.)
5. Tu aimes la tarte ... citron ? (m.)

LE VERBE ÊTRE

Dans les phrases :
C'est le cassoulet de maman
Où sont les yaourts ?
on a le verbe **être** (3ᵉ personne, singulier et 3ᵉ personne pluriel) au temps présent.

16 • **Complétez la conjugaison de** être **au présent (unités 1 à 3).**

CONJUGAISON

Je ...	Tu ...	Il/Elle est
Nous sommes	Vous ...	Ils/Elles sont

L'HEURE

Avec être (il est)**, on demande
et on donne l'heure :**

Exemple : Il est trois heures
et quart.

Il est midi (douze heures).

17 • **Voici comment dire l'heure le matin et le soir.
Observez et lisez.**

Quelle heure il est ?

1. Il est quatorze heures.
   (soir)

2. Il est huit heures et demie.
   (matin)

3. Il est seize heures trente.
   (soir)

4. Il est minuit.
   (soir)

5. Il est sept heures
   moins vingt.
   (matin)

18 • **Observez les horloges et donnez l'heure.**

 1. Il est ...

 3. Il est ...

 2. Il est ...

GRAMMAIRE
**Pour indiquer l'heure,
on utilise à :**
   *Florencia arrive à dix heures.
   Laurent téléphone à midi.*

**On utilise vers pour l'heure
approximative :**
   *Je rentre vers deux heures.
   Il arrive vers minuit.*

IL FAUT

19 • **Lisez les phrases et répondez.**

1. Il faut six bouteilles d'eau minérale.
2. Il faut acheter un poulet.
3. Il faut faire le ménage.
4. Pour le cassoulet, il faut 500 grammes
   de haricots.

Il faut exprime :
   la nécessité ❏   la volonté ❏   le désir ❏

GRAMMAIRE

Il faut est suivi :

– d'un nom
   Il faut un poulet rôti.
– d'un infinitif
   Il faut faire le ménage.

DES SONS | LES SONS [u] ET [y]

En français, il y a le son [u], comme dans : bonjour, et le son [y], comme dans : tu.

20 • **Réécoutez et lisez la conversation** *Les colocataires,* **p. 44. Soulignez les sons [u] ou [y] et complétez la liste.**

[u]	[y]
1. ...	...
2. ...	...
3. ...	...
4. ...	...
5. ...	...

Répétez les mots correspondants.

21 • **Écoutez les mots et cochez** [u] **ou** [y]**.**

	[u]	[y]
1.	❑	❑
2.	❑	❑
3.	❑	❑
4.	❑	❑
5.	❑	❑

22 • **Écoutez et cochez le mot avec le son** [y]**.**

1. ❑ 4. ❑
2. ❑ 5. ❑
3. ❑ 6. ❑

Et maintenant, à vous !

23 • **Imaginez et jouez les conversations.**

A- Laurent cherche les chocolats *kinder.*
Il demande à Blandine où ils sont.
(3 répliques)
– ...
– ...
– ...

B- Madame Trédaniel cherche la boulangerie « À la Renaissance ».
Elle demande à Marina. (4 répliques).
 Madame Trédaniel : – Pardon, mademoiselle,...
 – ...

C- Marina, Laurent et Blandine organisent
une fête samedi. Mais il faut :
– faire le ménage
– faire les courses (acheter 2 ou 3 Coca
  et des jus de fruits)
– préparer une tarte aux pommes
  et une tarte au citron
– téléphoner aux copains
(6 répliques)

Laurent : – Samedi matin, moi, je fais le ménage. D'accord ?
 ...

Comprendre une annonce

Rayon gourmand

24 • **Écoutez les annonces et répondez.**

1. Les annonces sont en :
   français, italien, chinois, portugais ❑
   italien, espagnol, japonais, français ❑
   portugais, espagnol, russe, italien ❑

2. Ce sont les annonces :
   d'un aéroport ❑
   d'un grand magasin ❑
   d'une gare ❑

3. L'annonce est pour les touristes. On propose :
   des produits à manger ❑
   des vêtements ❑
   des parfums ❑

25 • **Écoutez les annonces à nouveau et répondez.**

	OUI	NON
1. La réduction est de 20 %.	❑	❑
2. La réduction est pour 2 heures.	❑	❑
3. Il faut aller au niveau 2.	❑	❑

Quels produits est-ce que vous aimez : la moutarde, les chocolats, les fromages ?

DES LETTRES — LES NOMBRES (suite)

26 • **Écoutez les nombres de 20 à 100. Observez leur écriture.**

20 vingt
21 vingt et un
22 vingt-deux
23 vingt-trois
...
30 trente
31 trente et un
32 trente-deux

33 trente-trois
...
40 quarante
50 cinquante
60 soixante
61 soixante et un
...
70 soixante-dix

71 soixante et onze
72 soixante-douze
73 soixante-treize
...
80 quatre-vingts
81 quatre-vingt un
82 quatre-vingt-deux
83 quatre-vingt-trois

...
90 quatre-vingt-dix
91 quatre-vingt-onze
92 quatre-vingt-douze
93 quatre-vingt-treize
...
100 cent

27 • **Faites l'addition à haute voix.**

Exemple : 20 + 33 = 53 ➔ vingt plus trente-trois égalent cinquante-trois

a. 17 + 25 = 42 ...
b. 43 + 36 = 79 ...
c. 60 + 38 = 98 ...

d. 10 + 52 = 62 ...
e. 9 + 19 = 28 ...

LE PLURIEL

28 • **Écoutez et lisez. Soulignez les noms** (*citrons, tarte...*) **et répondez aux questions.**

Exemple : Il faut quatre <u>citrons</u> pour <u>la tarte</u>.
1. Je vais acheter une baguette.
2. Je reste un jour à Paris.
3. Tu es à Nice pour six jours ?
4. Les chocolats sont en promotion.

1. À l'écrit, on indique le pluriel des noms par s.   oui ❑   non ❑
2. La prononciation d'un nom au singulier et au pluriel est différente.   oui ❑   non ❑

ORTHOGRAPHE

À l'écrit, on indique le pluriel des noms par s :
   Écoutez la conversation.
   Jouez les conversation**s**.

En général, la prononciation des noms est la même au singulier et au pluriel :
   une pomme, deux pomme**s** [pɔm]

Quatre Français sur dix achètent un produit biologique par an

La consommation

Marché bio en milliards d'euros

soit **6 %** de hausse

1,6 → 1,7

AB
AGRICULTURE BIOLOGIQUE

2003   2004

Les circuits de distribution
Supermarchés, hypermarchés...

65 %

35%
Magasins spécialisés

(Naturalia, La Vie claire, ...) et marchés

Le classement
les produits les plus consommés

Sources : Interbev et *Le Monde*

1 Lait

2 Fruits et légumes

3 Œufs

4 Pain et céréales

5 Volaille

6 Bœuf

Les produits bio représentent 2 % des dépenses alimentaires des Français.

Le Monde, 06-06-05

29 • Observez le document et répondez.

1. Le sujet du document est :
   les supermarchés ❏
   les aliments biologiques ❏
   les agriculteurs ❏
   les fruits ❏

2. Combien de Français sur 10 achètent un produit bio ?
   3 ❏   4 ❏   8 ❏   2 ❏

3. Le document a deux parties.
   Titre : ....
   Titre : ....

30 • **Observez la partie** *La consommation*. **Répondez.**

1. Le marché bio est :
   en hausse (↗) ❏
   en baisse (↘) ❏
2. Le logo de l'agriculture biologique a deux lettres : …
3. Les consommateurs font les courses bio dans les … et dans les … .

31 • **Observez la partie** *Le classement*. **Répondez.**

1. D'après vous, que veut dire *volaille, bœuf* ?
2. Le classement concerne :
   la qualité ❏   la consommation ❏   le prix ❏
3. Le produit bio n° 1 en France est le …, le produit n° 4 est le … .
4. L'agriculture bio se diffuse de plus en plus. Vous consommez
   des produits bio ?

32 • **Observez la liste d'étiquettes d'un supermarché.**

1. Quels sont les produits bio ?
2. Quel produit vient de la République Dominicaine ?
3. Quel est le prix d'un kilo d'oignons ?
4. Un mot indique une quantité relative comme : un paquet, un pot,
   une bouteille. Trouvez le nom.
   Une …

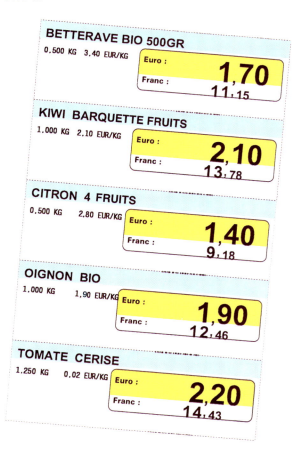

BETTERAVE BIO 500GR
0.500 KG   3.40 EUR/KG
Euro : **1,70**
Franc : 11,15

KIWI BARQUETTE FRUITS
1.000 KG   2.10 EUR/KG
Euro : **2,10**
Franc : 13,78

CITRON 4 FRUITS
0.500 KG   2.80 EUR/KG
Euro : **1,40**
Franc : 9,18

OIGNON BIO
1.000 KG   1.90 EUR/KG
Euro : **1,90**
Franc : 12,46

TOMATE CERISE
1.250 KG   0.02 EUR/KG
Euro : **2,20**
Franc : 14,43

BANANE BIO R DOMINICAINE
1.000 KG   2.40 EUR/KG
Euro : **2,40**
Franc : 15,74

POMME DE TERRE
2.500 KG   1.80 EUR/KG
Euro : **4,50**
Franc : 29,52

La nature, vite !

33 • **Regardez le dessin. Les gens sont dans la rue : ils manifestent.**

Manifester veut dire :
marcher   ❏
parler   ❏
protester   ❏
exprimer des opinions   ❏
faire les courses   ❏

34 • **Les manifestants sont des écologistes. Ils manifestent avec des slogans. Lisez les slogans.**

1. *La nature, vite !* « *Vite* » veut dire rapidement. Le slogan signifie :
   il faut vite protéger la nature   ❏
   la nature est rapide   ❏
   la nature avance vite   ❏

2. « *Les pommes bio, j'aime* » veut dire : ...

35 • **Un panneau n'est pas un slogan.**

C'est pour :
informer   ❏
amuser   ❏
exprimer une opinion   ❏

Expliquez :

En français, un seul mot est suffisant pour exprimer quelque chose.
Par exemple : *Attention ! = il faut faire attention*
Il y a aussi des mots :
Pour saluer : *bonjour, bonsoir, au revoir*
Pour remercier : *s'il vous plaît, merci, de rien*
Pour donner son accord : *d'accord, entendu*

Cherchez le sens de :

Super ! Bravo ! Chut ! Bien !

LES POMMES, J'AIME !

36 • **Observez.**

1. Kinder, j'adore !
2. J'aime le chocolat.
3. J'adore aller au marché !
4. Manger bio, j'aime ça !
5. J'aime voyager !
6. Chanter, j'aime ça

Classez les phrases en deux groupes.

Verbe + complément *J'aime les samedis.*	Complément + verbe *Les samedis, j'aime (ça) !*

L'ordre complément + verbe est fréquent à l'oral.

Et maintenant, à vous !

37 • **Sur le modèle des slogans dans** Des textes, **inventez des slogans (3 ou 4 mots).**

➡ pour une manifestation contre la guerre
➡ pour la Journée internationale de lutte contre la faim dans le monde

Alors, votre français ?

COMMUNIQUER

À l'oral, je peux :

| ❏ m'informer sur un lieu, sur quelque chose | *Où est le cinéma Rex ?* *Qu'est-ce qu'il faut acheter ?* |
| ❏ dire que j'aime quelque chose | *J'aime le chocolat !* |

À l'écrit, je peux :

| ❏ inventer un slogan | *Oui à l'agriculture bio !* |

GRAMMAIRE

Je sais utiliser :

❏ les verbes être (présent) *Il faut*	*Nous sommes heureux.* *Il faut un poulet.* *Il faut commencer*
❏ la syntaxe complément + verbe	*J'aime les samedis.* *Les samedis, j'adore !*
❏ les articles *le, la, les* *du, de la, des* *au, à la, aux*	*Le poulet* *Du lycée* *Au cinéma*
❏ le pluriel des noms	*Le citron/les citrons* *La tarte/les tartes*

NOTIONS ET LEXIQUE

Je sais utiliser les mots concernant :

❏ l'espace
Devant, derrière
À droite, à gauche (de)
Sur, sous
À côté (de)
❏ la nourriture et les boissons
Le poulet, le steak,
l'eau minérale…
❏ la quantité : les nombres
21 à 100
❏ la quantité relative
Une bouteille de, un pot de, 1 kg de…
❏ le temps
Vers/à 7 h 00
❏ l'heure
Il est 7 h 00
❏ les mois
Janvier…
❏ les jours
Lundi…

Dimanche

Découvertes

Les activités culturelles des Français

Le soir, le samedi, le dimanche, en vacances, les Français ont des loisirs : regarder la télévision, lire, écouter de la musique...

Télévision et musique

1 • **Observez le tableau et répondez.**

Les français	1973	1989	1997
ont un téléviseur	86%	93%	96%
ont un appareil hi-fi (musique)	8%	56%	74%
ont un discman	–	32%	45%
regardent la télé	16 heures/ semaine	20 heures/ semaine	22 heures/ semaine
écoutent un cd (1 jour sur deux minimum)	15%	32%	40%

DEP (Ministère de la culture)
Enquête « Pratiques culturelles », 1973, 1981, 1989, 1997

1. Les achats des Français en équipement audiovisuel :
   ❏ augmentent
   ❏ diminuent
   ❏ sont les mêmes

2. La place de la télé dans les loisirs :
   ❏ augmente
   ❏ diminue
   ❏ est la même

3. La télé remplace la musique.
   ❏ oui
   ❏ non

La télé occupe de plus en plus de temps.
Il y a aussi un boom de la musique.

Cinéma
et télévision

2 • Que veut dire ?

cinéma
salle de cinéma
aller au cinéma

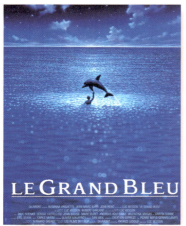

On va moins au cinéma en France : 5,5 fois par an en 1930 et 2,5 fois par an à la fin des années 90.

Il y a beaucoup de films à la télévision.
En France, comme en Europe, les DVD donnent un nouveau public au cinéma.
Dans le cinéma, il y a de tout !
Il y a des films cultes, différents suivant les générations et les pays :
Mon oncle, Le Grand Bleu, Diva, La Dolce Vita,
Les Tontons flingueurs, Starwars, E.T., Titanic…

Quels films français est-ce que vous connaissez ?
Quel film de votre pays est très connu ?

La lecture
en France

3 • Lisez l'article et complétez le tableau.

Non lecteurs	1960	Augmente(nt)	Diminue(nt)
	2003	❏	❏
Gros lecteurs	Livres par an	❏	❏
Lecture individuelle		❏	❏

Télévision, musique, cinéma et lecture sont des loisirs mais il y a une différence entre les milieux sociaux. Les Français pratiquent toujours des sports populaires comme le vélo et la pêche mais aussi, le golf, le tennis, la salsa…
Chez vous, quels sont les loisirs chics ou populaires ?

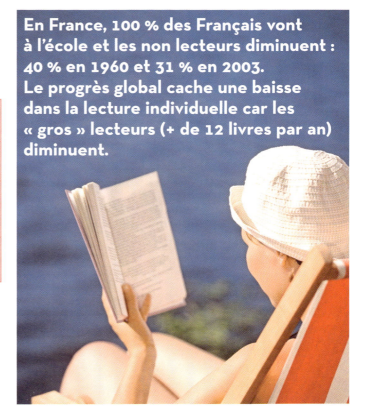

En France, 100 % des Français vont à l'école et les non lecteurs diminuent : 40 % en 1960 et 31 % en 2003.
Le progrès global cache une baisse dans la lecture individuelle car les « gros » lecteurs (+ de 12 livres par an) diminuent.

Au kiosque

4 • Écoutez et lisez :

Dimanche matin, au kiosque à journaux

Blandine : — Bonjour monsieur ! Je voudrais *l'officiel des spectacles*, s'il vous plaît.

Le vendeur : — Là, sur l'étagère, à côté du *Journal du dimanche*.

Blandine : — C'est combien déjà ?

Le vendeur : — 35 centimes. C'est pas cher pour deux cent pages !

Blandine : — Et il y a plein d'idées pour les dimanches !

De retour dans l'appartement.

Blandine : — Il y a un marché solidaire dans le Marais, avec Artisans du monde.

Laurent : — Ah oui ? Quand ?

Blandine : — Maintenant.

Laurent : — Super ! Couscous, frites et tortillas !

Pour acheter quelque chose, comment vous dites ?

Kulo badé tumbas serat khabar*

*En javanais : « Je voudrais acheter un journal s'il vous plaît. »

5 • Écoutez encore et répondez.

1. Blandine cherche : une rue ❑ un magazine ❑ une boutique ❑
2. Le vendeur vend : des journaux ❑ des fruits ❑ du pain ❑
3. *L'officiel des spectacles* est : un livre ❑ un journal ❑ un guide des loisirs ❑

Que veut dire :
Il y a plein d'idées pour les dimanches ?

6 • Écoutez à nouveau.
Cochez les bonnes réponses.

1. *L'officiel des spectacles* se trouve à côté du *Journal du dimanche*. ❑
2. Il coûte un euro. ❑
3. Il a deux cents pages. ❑

7 • Cochez la bonne réponse.

1. Blandine trouve dans *l'officiel des spectacles* :
   un supermarché ❑   un cinéma ❑   un marché d'artisans ❑

2. Le Marais est un quartier de Paris. Dimanche, il y a un marché spécial avec :
   des artisans français ❑   des artisans du monde entier ❑   des artisans d'Europe ❑

Alors ?

• Pour demander *l'officiel des spectacles*, Blandine dit : ...
• Pour demander le prix, Blandine dit : ...
• Laurent aime la cuisine du monde entier Pour exprimer sa joie, il dit : ...
• Écoutez encore. Jouez la conversation à trois.

DES MOTS **TEMPS LIBRE**

Le *temps libre* : on ne travaille pas. On a des *loisirs*.

Le samedi et le dimanche, on peut :

aller au cinéma (le cinéma)
visiter les musées (le musée)
regarder la télé (ou télévision)
écouter la radio

aller au concert (le concert)
faire une promenade (la promenade)
faire des voyages (le voyage)
faire du sport (le sport)

8 • **Lisez les phrases et répondez.**

1. Théo va au concert demain ?
2. Je vais en voyage à Venise.
3. Nous faisons des promenades dans la forêt.

Que veut dire : concert, voyage, promenade **?**

9 • **Observez les images et complétez.**

1. Je regarde … .

2. Je vais … .

3. Je fais … .

Quels sont vos loisirs ?

Je …

Je …

Je …

DES RÉPLIQUES   **ACHETER**

COMMUNICATION

Pour acheter, on demande l'article (le produit, le plat etc.) et le prix.
On dit :

article
– *L'officiel des spectacles,* s'il vous plaît.
– Voilà *l'officiel des spectacles,* mademoiselle.
– Merci !

– Je prends un café.
– Un café pour monsieur !

– Je voudrais de l'aspirine, s'il vous plaît.
– Voilà, madame.

prix
– C'est combien ?
– 35 centimes.

– Combien ça fait ?
– Un euro soixante.

– Ça fait combien ?
– Ça fait 30 euros.

10 • **Choisissez deux répliques pour compléter la conversation.**

> – *Je voudrais un plan de la ville, s'il vous plaît.*
> – *J'achète un plan de Paris.*
> – *Il faut cinq euros.*
> – *Combien ça fait ?*
> – *C'est cher !*

– …
– Les plans ? Ils sont là, à droite, regardez.
– Je prends ça.
– Un petit sac, monsieur ?
– Oui, merci.
– Voilà.
– …
– Ça fait cinq euros vingt.

11 • **Complétez les conversations d'après les indications.**

1 • *À la boulangerie*

– … (Demander un article)
– Voilà une baguette, monsieur.
– … (Demander le prix)
– Soixante-quinze centimes.

2 • *À la Poste*

– …
– Trois timbres, un euro soixante-cinq.

DES FORMES · LE VERBE FAIRE

12 • **Vous connaissez des sens de** *faire* **(unités 3 et 4). Complétez cette liste.**

1. Je ... le ménage.
2. Je ... les courses.
3. Combien ça ... ?
4. Je ... du sport.

13 • **Lisez et prononcez le présent de** *faire*.

CONJUGAISON

PRÉSENT : FAIRE

Je fais du sport.
Tu fais une promenade ?
Il/Elle fait un stage en Espagne.
Nous faisons les courses.
Vous faites le ménage, demain.
Ils/Elles font un voyage en Inde.

Remarquez :
nous f**ai**sons se prononce [ə],
comme **je**.

Je fais du sport.

14 • **Répondez aux questions. Pour le présent de** *faire* **:**

1. à l'oral, il y a :
3 formes ❏
4 formes ❏
6 formes ❏

2. à l'écrit, il y a :
4 formes ❏
3 formes ❏
5 formes ❏

15 • **Complétez avec** *faire*.

1. Tu ... les courses où ?
2. Vous ... une promenade en forêt, demain ?
3. Ça ... trente euros, madame.
4. Blandine, Laurent et Marina ... une fête, samedi.

CONJUGAISON DES VERBES -ER : PRÉSENT

16 • **Vous connaissez des formes des verbes en –er. Complétez la conjugaison du présent de** regarder.

CONJUGAISON

PRÉSENT : REGARDER

Je ... les prix.
Tu ... la télé ?
Il/Elle regarde le plan de la ville.
Nous regardons le match.
Vous ... le ciel ?
Ils/Elles regardent tout.

Ce sont les 6 formes du présent
des verbes en –er.
Il y a 5 formes écrites différentes.
Combien à l'oral ?

COMBIEN ? QUAND ?

17 • **Lisez à nouveau la conversation**
Au kiosque, **p. 56, et répondez.**

1. Pour poser des questions sur un moment,
on utilise :

quand ❏   combien ❏

2. Pour poser des questions sur la quantité,
on utilise :

quand ❏   combien ❏

GRAMMAIRE

Pour interroger sur le temps (le jour, l'heure...), on utilise quand :

– Quand vas-tu au cinéma ?
– Le lundi soir.

– Vous faites les courses quand ?
– Le samedi.

GRAMMAIRE
Pour interroger sur la quantité, on utilise combien :

Combien ça fait ?
Ça fait combien ?
C'est combien ? Combien c'est ?...
Ça coûte combien ?
Combien ça coûte ?

18 • Complétez par *quand* **ou** *combien*, **selon le cas.**

1. Tu vas ... au concert ?
2. ... c'est, les trois timbres ?
3. Le plan coûte ... ?
4. Tu es à Nice ... ?
5. C'est ... la fête de Laurent ?

LE VERBE AVOIR

Blandine dit :
il y a un marché solidaire au Marais : **a** est la 3ᵉ personne du singulier du verbe **avoir**.

19 • Lisez et prononcez le présent de *avoir*.

CONJUGAISON

PRÉSENT : AVOIR

J'ai faim.
Tu as soif ?
Il/Elle a sommeil.
Nous avons rendez-vous.
Vous avez l'heure ?
Elles/Ils ont chaud.

20 • Complétez avec les formes de *avoir*.

Dispute d'enfants
1. Moi, j'... sept jeux vidéo.
2. Et moi, j'... trente-deux cédéroms.
3. Ben, moi, j'... deux vélos.
4. Et moi, j'... trois télévisions.
5. Et mon papa, il ... un avion.
6. Et ma maman, elle ... dix kilos de bijoux.
7. Et ma maman, elle ... une Jaguar.
8. Et mon frère, il ... un château en Espagne.

Il y a est une locution (elle est invariable). **Il y a** veut dire : *cela existe, cela est présent.*
Il y a les enfants = les enfants sont là

MON, TON, SON

Dans les phrases précédentes (activité 20), on trouve des mots comme **mon** devant des noms.

21 • Lisez et soulignez les mots comme *mon*.
Puis complétez le tableau de grammaire.

1. Ma sœur est à l'université.
2. Il y a ton copain au téléphone.
3. J'ai toujours sa photo sur le bureau.
4. Tes parents sont là ?
5. Il passe son temps à lire.
6. Mon appartement n'est pas grand.

GRAMMAIRE
LES ADJECTIFS POSSESSIFS

Singulier (un objet possédé)

	masculin	féminin
je	...	ma
tu	...	ta
il/elle	...	sa

Pluriel
(plusieurs objets possédés)

	masculin	féminin
je		mes
tu		...
il/elle		ses

DES SONS   LE SON [i]

Vous connaissez le son **[y]**, *comme dans* **tu**. *En français, il y a aussi le son* **[i]**, *comme dans* **livre**.

22 • **Écoutez et lisez à nouveau la conversation** *Au kiosque*, **p. 56. Notez les mots avec le son** [i] **et le son** [y] **.**

23 • **Écoutez et cochez** [i] **ou** [y], **selon le cas.**

	[i]	[y]
1.	❑	❑
2.	❑	❑
3.	❑	❑
4.	❑	❑
5.	❑	❑

24 • **Écoutez et répétez.**

1. C'est la rue du cinéma.
2. Il y a des musées dans la ville.
3. C'est super !
4. Ça fait huit euros.
5. Où est le riz ?
6. L'université ouvre en septembre.
7. Allô ? Tu es au bureau ?
8. Je prends un jus de fruits.

Et maintenant, à vous !

25 • **Imaginez et jouez les conversations.**

A- Fabien et Léane, employés de banque, sont au café. Fabien demande un café, Léane un jus de fruits. (4 répliques)

Serveur : – Bonjour, vous désirez ?
       – ...
       – ...

B- Maxime (19 ans) a un jeune frère, Christian (12 ans). Il va dans une librairie et achète pour Christian, un roman d'aventures : *Le Tour du monde en quatre-vingts jours* de Jules Verne. Il demande à la vendeuse (4 à 6 répliques).
       – ...
       – ...

C- Laurence (35 ans), cherche le magazine *Cuisines exotiques* ; prix 2,40 euros, 140 pages ; recettes du monde entier, actualités, nourriture et bien vivre, conseils, etc.. Elle demande au vendeur. (4 à 6 répliques).
       – ...
       – ...

Des nouvelles du monde

26 • Écoutez et cochez la bonne réponse.

1. L'enregistrement est :
   un message personnel ❑
   une annonce d'un grand magasin ❑
   des informations radio ❑

2. Le nom de la radio est :
   France National ❑
   Radio France Internationale ❑
   France Deux ❑

3. On donne :
   3 informations ❑
   4 informations ❑
   6 informations ❑

4. Il est :
   12 h 00 ❑ 13 h 00 ❑ 14 h 00 ❑

27 • Écoutez à nouveau et répondez.

Information 1
1. On parle de :
   la Chine ❑ le Chili ❑ la Syrie ❑

2. D'après le contexte, *terre* veut dire : ...
   alors *tremblement de terre* veut dire : ...
   Il y a des tremblements de terre chez vous ?

Information 2
3. On parle d'une réunion de :
   l'ONU ❑ de l'UE ❑ de l'OTAN ❑

4. D'après vous, *budget* veut dire :
   ensemble des sommes à utiliser ❑
   accord entre les pays ❑
   déclaration officielle ❑

Information 3
5. On parle de la France et des pays pauvres.
   Dette veut dire *argent à rendre*.
   Alors *annuler* veut dire :
   supprimer ❑ augmenter ❑ réduire ❑

   Il y a une bonne nouvelle :
6. Information 1 ❑
   Information 2 ❑
   Information 3 ❑

DES LETTRES   **LES VOYELLES I, OU, U**

ORTHOGRAPHE

En français, il y a le son

– **[i]** : dimanche
– **[u]** : vous
– **[y]** : super

En général, on écrit le son :

– **[i] avec la lettre i ou y**
   Yves, il y a

– **[u] avec les lettres ou**
   bonjour

– **[y] avec la lettre u**
   rue

**28 • Écoutez.
Quel mot entendez-vous ?**

1. sur ❑   sous ❑
2. pour ❑   pur ❑
3. cri ❑   cru ❑
4. but ❑   bout ❑
5. débit ❑   début ❑
6. vue ❑   vie ❑
7. tout ❑   tu ❑
8. dire ❑   dur ❑

29 • Écoutez et complétez les mots par *i, ou, u*, selon le cas.

1. Les lég...mes
2. Les fr...tes
3. Les c...rses
4. L'...niversité
5. La b...tique
6. Le b...reau
7. La m...sique
8. Le l...vre

30 • **Observez les documents et répondez.**

Ce sont :
des couvertures de magazines ❏
des affiches ❏
des publicités ❏

Complétez le tableau.

	Nom du magazine ...	Nom du magazine ...
Prix	...	...
Date	...	...
Site Internet	...	...

31 • **Répondez.**

1. Le magazine des programmes de télévision et des sorties est : ...
2. Le magazine d'information politique est : ...
3. On a *Télérama* et *Courrier International* :
    1 fois par mois (c'est un mensuel) ❏
    1 fois par semaine (c'est un hebdomadaire) ❏
    1 fois par jour (c'est un quotidien) ❏

32 • **Lisez les titres de la couverture de** *Télérama*.

Il y a des articles sur :
le travail ❏
la musique ❏
les films ❏
la politique ❏
les vacances ❏

33 • **Lisez les titres du** *Courrier International*.

1. Cherchez les noms de pays.
2. Cherchez un nom de personne.
3. *Courrier International* parle :
   de sport ❏   de culture ❏   de politique ❏   de télévision ❏
4. Un titre ne parle pas de politique : ...

Presse et quotidiens

34 • Voici des noms de quotidiens français.

1. Cherchez :
Un quotidien sportif : ...
Un quotidien de Paris, de Nice : ...
Un quotidien régional : ...
Un quotidien chrétien : ...

2. Les noms des quotidiens français sont :
des noms généraux (*Le Monde*)
des régions (*Ouest, Nord...*)
des villes (*Nice matin*)
...

Et chez vous ?

DES FORMES COMPLÉMENT DE NOM

En français, on a des groupes de mots [**nom** *de* **nom**] comme : *Le télégramme de l'Ouest.*
On a aussi :
le tremblement de terre
les noms de pays
les titres de la couverture
le père de Blandine
le marché des artisans du monde...

En grammaire, on dit que le 2ᵉ nom est le **complément du 1ᵉʳ**.

35 • Complétez les groupes de mots d'après les indications.

1. La poire est le fruit ... poirier. (m.)
2. Le fils ... voisine s'appelle Hervé. (f.)
3. La porte ... salle est ouverte. (f.)
4. La fin ... mois arrive. (m.)
5. La vie ... étudiants est dure. (m.)
6. La lune est un astre ... nuit. (f.)

GRAMMAIRE

L'article le, la, les du 2ᵉ nom se combine avec de :

La République du Centre (le Centre) (de + le) = du

La voix du Nord (le Nord)

Le marché des artisans (les artisans) : (de + les) = des

Mais : Les titres de la couverture
De et la ne se combinent pas.
(voir unité 2, des formes)

Et maintenant, à vous !

36 • **Voici le modèle des noms de journaux français :**

nom : *Liberté*
le, la, les + nom : *Les nouvelles*
nom de nom : *La voix des Républicains*
nom + nom : *Sud Ouest*

Inventez :

– le nom du journal de la classe de français
Par exemple : **La VOIX des étudiants**

...

– le nom du journal de votre pays en français
Par exemple : **Paris**-*Pékin*

...

– le nom du journal des étudiants étrangers
Par exemple : Université du **monde**

...

37 • **Inventez deux titres d'articles pour un journal.**

Par exemple : *Demain, les examens !*

Cuisine de Chine

Alors, votre français ?

COMMUNIQUER

À l'oral, je peux :

❏ acheter (demander un article, demander le prix)	*Je voudrais de l'aspirine.* *C'est combien ?...*

À l'écrit, je peux :

❏ inventer des noms de journaux	*La voix des étudiants*

GRAMMAIRE

Je sais utiliser :

❏ les verbes être, faire, avoir (présent)	*Nous sommes ici.* *Je fais du sport.* *J'ai faim.*
❏ la syntaxe : le complément de nom	*La voix du Nord* *Le télégramme de l'Ouest*
❏ les adjectifs possessifs	*Mon, ton, son* *Ma, ta, sa* *Mes, tes, ses*
❏ les adverbes quand, combien	*Quand vas-tu au cinéma ?* *Combien ça coûte ?*

NOTIONS ET LEXIQUE

Je sais utiliser les mots concernant :

❏ l'existence
Il y a trois articles.

❏ les loisirs
Aller au cinéma
Visiter les musées

❏ le temps : quand
Quand... ?

❏ la quantité : combien
Combien... ?

Réaliser un quiz

Vous allez préparer un jeu sous forme de quiz sur un sujet de géographie : les Départements et Régions d'Outre-Mer.

● **Vous formez des équipes (3 à 4). Chaque équipe fait des recherches sur le sujet.**

- Recherchez des informations sur la géographie physique (nom de fleuves, montagnes, mers...) et les villes.
- Chaque équipe prépare 5 questions sur le sujet. Pour formuler les questions, demandez de l'aide au professeur. Les questions sont des QCM (questions à choix multiples).

  Par exemple : La Guyane est :
  dans l'Océan Indien   ❏
  dans l'Océan Pacifique   ❏
  dans l'Océan Atlantique   ❏

● **Vous pouvez aussi poser des questions à partir d'une photo.**

- Choisissez le jour du jeu. L'équipe n° 1 pose les questions aux équipes 2 et 3 ; l'équipe n° 2 pose les questions aux équipes 1 et 3, etc. Le professeur est l'arbitre.
- L'équipe avec le plus grand nombre de bonnes réponses gagne.

PRÉPARATION AU DELF A1

Compréhension des écrits

A

B

1 • Observez les 2 couvertures. Les noms des magazines sont :

Cow-boys ❑   Ulysse ❑   Amérique ❑

Décorez ! ❑   23 réalisations ❑   Spécial chambres d'enfants ❑

2 • Le magazine A est un magazine :

de cinéma ❑

de voyages ❑

d'actualité ❑

3 • Le magazine B est un magazine consacré :

à la maison ❑

à des sujets différents ❑

à l'économie ❑

4 • Indiquez le magazine (A et B) et le titre de l'article à côté des phrases.

1. Vous aimez :

- les grands espaces et les plaines des indiens, vous lisez :

Magazine ...   Article ....

- la préhistoire et les peintures des hommes de Cro-magnon, vous lisez :

Magazine ...   Article ....

2. Vous cherchez des informations sur la peinture d'objets, vous lisez :

Magazine ...   Article ....

3. Vous pouvez faire de la peinture sur des matières différentes.

Quelles matières ?

bois

...

ÉVALUATION MODULE 2

DES CONVERSATIONS (5 points)

1 • **Mettez les répliques de la conversation dans l'ordre.** *3 points*

– Je voudrais *La Gazette sportive*.
– À gauche... où, s'il vous plaît ?
– Elle est là, à gauche, vous voyez.
– C'est combien ?
– Là, à côté des guides, monsieur.
– Un euro vingt.

2 • **Complétez la conversation.** *2 points*

– Vous désirez ?

– ...

– Un thé pour madame. Et vous, monsieur ?

– ...

Vous avez : 5 points. Très bien !
Vous avez : moins de 3 points. Revoyez les pages 45 et 57 du livre.

DES FORMES (3 points)

3 • **Complétez par** *au, à la, à l', aux, du, de la, de l', des.* *1 point*

1. L'eau minérale est à côté ... Orangina. (f.)
2. À gauche ... café (m.), il y a la librairie Paysages.
3. Je vais ... supermarché. (m.)
4. Tu téléphones ... enfants ? (m.)

4 • **Donnez l'heure (en toutes lettres), d'après les suggestions.** *1,5 point*

Quelle heure il est ?
1. 09 h 30   3. 19 h 00
2. 01 h 25   4. 04 h 05

5 • **Complétez par** *quand* **ou** *combien*, **selon le cas.** *0,5 point*

1. Ça fait ..., madame ?   3. Tu vas au marché ... ?
2. Tu rentres ... ?   4. ... ça coûte, s'il vous plaît ?

Vous avez : 3 points. Très bien !
Vous avez : moins de 1,5 point. Revoyez les pages 46, 47, 58 et 59 du livre.

DES SONS ET DES LETTRES (3 points)

6 • **Écoutez et cochez le mot avec le son** [u], [y], [i]. *1 point*

	[u]	[y]	[i]
1.	☐	☐	☐
2.	☐	☐	☐
3.	☐	☐	☐
4.	☐	☐	☐

7 • **Écoutez et complétez les mots.** *1 point*

1. R...main   2. S...édois   3. B...lgare   4. R...sse

8 • **Lisez et mettez le nom au pluriel, d'après les suggestions.** *1 point*

1. J'ai *un ami*. (2)
2. Vous restez *une semaine* ? (3)
3. Tu parles *une langue* ? (4)
4. Achète *un citron* pour la tarte. (5)

Vous avez : 3 points. Très bien !
Vous avez : moins de 1,5 point. Revoyez les pages 48, 49 et 60 du livre.

DE L'ÉCOUTE (3 points)

9 • **Écoutez et répondez.** *3 points*

1. 1re information
On parle : d'un acteur ☐
           d'un personnage politique ☐
           d'un sportif ☐

2. Il est : en Inde ☐   en Finlande ☐   en France ☐

3. 2e information
   Les prix sont :   en hausse (↗) ☐
                       en baisse (↘) ☐

4. 3e information
   On parle d'un sport :
   le tennis ☐   le ski ☐   le rugby ☐

5. C'est un match France- :   Irlande ☐
                              Nouvelle-Zélande ☐
                              Islande ☐

6. Le résultat est seize à :
   sept ☐   vingt-sept ☐   dix-sept ☐

Vous avez : 3 points. Très bien !
Vous avez : moins de 1,5 point. Revoyez la page 61 du livre.

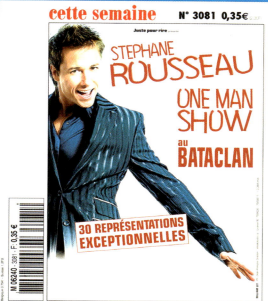

10 • Observez le document.

1. C'est la couverture d'un magazine :
   d'actualités ❏
   de cinéma   ❏
   de spectacles   ❏

2. Cherchez les informations et complétez
   le tableau.

Nom du magazine	...
Date	Du ... au ...
Numéro	...
Prix	...

3. Il y a l'affiche d'un spectacle avec la photo
   d'un acteur. Trouvez :
       – son prénom et son nom : ...
       – le titre du spectacle : ...
       – le nom du théâtre : au ...

Vous avez : 3 points. Très bien !
Vous avez : moins de 1,5 point. Revoyez les pages 32 et 33 du livre.

11 • Inventez 3 titres de rubriques (de magazine) suivant le modèle : *le/la/les* + **nom** + *de* + **nom**. Utilisez les suggestions, si nécessaire.

Exemple :
Le musée/la région ➜ Les musées de la région
Le film/la semaine
Le concert/la ville
La promenade/l'écologiste

Vous avez : 3 points. Très bien !
Vous avez : moins de 1,5 point. Revoyez les pages 64 et 65 du livre.

Résultats : comptez vos points !
Combien de points vous avez ?
À – de 10 points, il faut réviser sérieusement.

QUEL ÉTUDIANT ÊTES-VOUS ?

On apprend de différentes manières.

Pour savoir quel étudiant vous êtes, répondez aux questions.

En classe,

1 • vous êtes attentif.

OUI ❏   NON ❏

2 • vous répondez aux questions du professeur.

OUI ❏   NON ❏

3 • vous parlez.

OUI ❏   NON ❏

4 • vous écrivez.

OUI ❏   NON ❏

5 • vous faites des dessins des mots.

OUI ❏   NON ❏

6 • vous aimez la grammaire.

OUI ❏   NON ❏

7 • vous écoutez.

OUI ❏   NON ❏

8 • vous demandez des explications.

OUI ❏   NON ❏

9 • vous travaillez en groupe.

OUI ❏   NON ❏

10 • vous étudiez la civilisation.

OUI ❏   NON ❏

▶ **Pour apprendre une langue, il faut la pratiquer :
répondre aux questions, parler, écrire, écouter...
On peut aussi travailler en groupe, utiliser sa mémoire visuelle...** ◀

Alors ? vos résultats ?

De 8 à 10 (oui)   : *C'est très bien, vos stratégies sont nombreuses !*
De 7 à 5 (oui)   : *C'est un bon début. Continuez et trouvez d'autres techniques !*
Moins de 4 (oui) : *Pour progresser, essayez différentes manières d'apprendre !*

MODULE 3
Oh ! là, là !

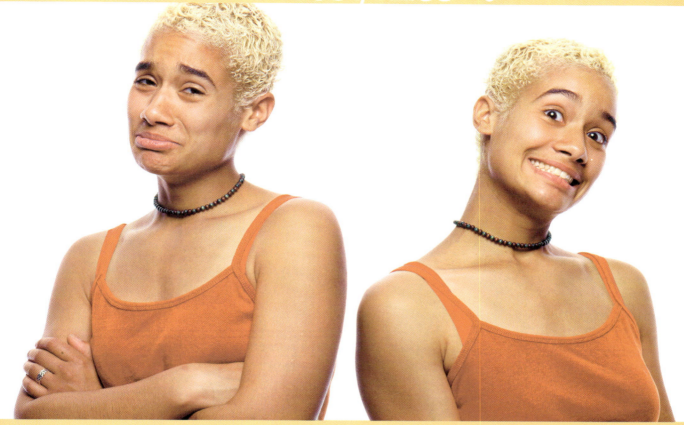

CONTRAT D'APPRENTISSAGE

Le module 3 propose des activités pour apprendre à :

	UNITÉ 5 Dommage !	UNITÉ 6 Super !
INTERACTION	**DES CONVERSATIONS** ▶ **Exprimer la tristesse, la peur**	**DES CONVERSATIONS** ▶ **Exprimer la joie, le bonheur**
RÉCEPTION ORALE	**DE L'ÉCOUTE** ▶ **Comprendre une émission radiophonique**	**DE L'ÉCOUTE** ▶ **Comprendre un jeu radiophonique**
RÉCEPTION ÉCRITE	**DE LA LECTURE** ▶ **Comprendre les résultats d'un sondage**	**DE LA LECTURE** ▶ **Comprendre des annonces de naissances et de mariages**
PRODUCTION ÉCRITE	**DES TEXTES** ▶ **Écrire un blog**	**DES TEXTES** ▶ **Écrire des cartes postales**

Projet : Réaliser un scénario

Dommage !

Découvertes

Un baby-boom en 2000 et 2001
La France va bien : boom des naissances et des mariages.

1 • Observez les graphiques et répondez.

1. Baby-boom signifie :
   ❑ 1 bébé   ❑ plusieurs bébés
2. D'après le graphique des naissances, le nombre de naissances en 1970 est de :
   ....
3. Entre 1970 et 1980, les naissances sont :
   ❑ +   ❑ –   ❑ =
4. D'après le graphique des mariages, entre 1980 et 1990, les mariages sont :
   ❑ en baisse (↘)   ❑ en hausse (↗)
5. Entre 1990 et 2000, les mariages sont :
   ❑ en baisse (↘)   ❑ en hausse (↗)
6. Combien de naissances en 2001 ?
   ....

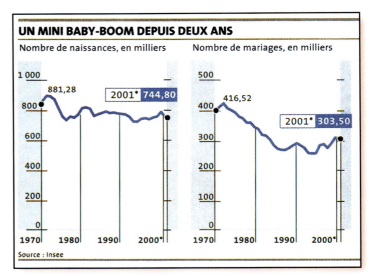

UN MINI BABY-BOOM DEPUIS DEUX ANS

Nombre de naissances, en milliers | Nombre de mariages, en milliers

881,28   2001* **744,80**
416,52   2001* **303,50**

Source : Insee

Le Monde, 7-02-02

2 • Observez la carte et répondez.

1. Dans quels pays de l'Union européenne les femmes ont plus d'enfants ?
   1er pays : ....
   2e pays : ....
2. Dans quels pays les femmes ont moins d'enfants ?
   1er pays : ....
   2e pays : ....
3. Quelle est la situation dans votre pays ?

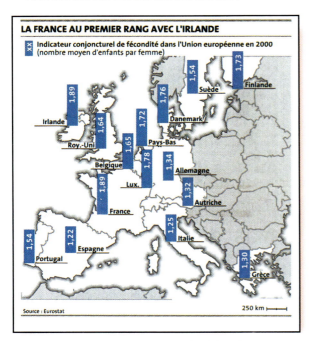

LA FRANCE AU PREMIER RANG AVEC L'IRLANDE

XX Indicateur conjoncturel de fécondité dans l'Union européenne en 2000 (nombre moyen d'enfants par femme)

Suède 1,54 · Finlande 1,73 · Irlande 1,89 · Danemark 1,76 · Roy.-Uni 1,64 · Pays-Bas 1,72 · Belgique 1,65 · Allemagne 1,34 · Lux. 1,78 · France 1,89 · Autriche 1,32 · Portugal 1,54 · Espagne 1,22 · Italie 1,25 · Grèce 1,30

Source : Eurostat   250 km

Le Monde, 7-02-02

Le mariage en France : l'amour, toujours.

Pourquoi plus de mariages ?
Le mariage n'est plus obligatoire comme avant : c'est un choix personnel. Une raison de se marier, c'est « l'amour pour toujours ».
Et, pour beaucoup de Français, le mariage permet à l'amour de durer. On se marie souvent après des années de vie ensemble.

L'amour, toujours.

Voici une chanson d'amour traditionnelle, connue depuis le début du XVIIe siècle.

3 • Écoutez et répondez.

Il y a longtemps que je t'aime
Jamais je ne t'oublierai

1. Un jeune homme chante ? ☐ oui ☐ non
2. Une jeune fille chante ? ☐ oui ☐ non
3. Le ton est : ☐ gai ☐ triste

Aimez-vous cette chanson ?
Expliquez pourquoi.
Apprenez cette chanson.
Chantez une chanson d'amour triste dans votre langue.

Et chez vous, il y a une chanson d'amour traditionnelle ?

DES CONVERSATIONS

C'est grave, non ?

Pour exprimer la peur, pour donner un conseil à un/e ami/e, comment vous dites ?

« คุณควรจะเลิกสูบบุหรี่ »

4 • Écoutez et lisez.

Lucille : – Ça va ? Qu'est-ce qu'il y a ?
Claire : – Je flippe ! Les parents fument toujours à la maison. Je vais avoir un cancer après.
Lucille : – Ah encore ? Allez, pas de panique !
Claire : – Facile à dire ! C'est grave, non ?
Lucille : – Et sur le balcon, ils peuvent fumer ?
Claire : – Peut-être !
Lucille : – Vous ne parlez pas de ça, hein ? Dommage, tu devrais essayer ! Parler, ça aide.
Claire : – Tu crois ? Tu as raison, Lucille, merci !

*En thaï : « Tu devrais arrêter de fumer. »

5 • Écoutez encore et répondez.

1. C'est une conversation entre :
une mère et sa fille ❏
une jeune fille et son médecin ❏
deux amies ❏
2. Claire exprime :
la joie ❏
la peur ❏
l'espoir ❏
3. Pourquoi ?
Ses parents sont sévères. ❏
Ses parents fument beaucoup. ❏
Ses parents ne sont jamais à la maison. ❏

6 • Écoutez à nouveau. Cochez les bonnes réponses.

1. Claire a peur d'avoir un cancer. ❏
2. Pour Lucille, Claire a une réaction excessive. ❏
3. Lucille conseille à Claire d'ouvrir les fenêtres. ❏
4. Pour Lucille, Claire devrait parler à ses parents. ❏

7 • Répondez.

1. Claire exprime un sentiment par : ...
2. D'après vous, *je flippe* (*flipper*, familier) exprime :
un sentiment positif ❏
un sentiment négatif ❏
3. *Ça aide* signifie : c'est utile ❏
ce n'est pas utile ❏
c'est sympathique ❏

Alors ?

- Lucille encourage Claire. Pour encourager Claire, elle dit : . . .
- Elle donne un conseil à Claire. Pour donner un conseil à Claire, Lucille dit : . . .
- Écoutez encore. Jouez la conversation à deux.

DES MOTS   SENTIMENTS

LEXIQUE
Pour exprimer des sentiments, on utilise souvent des adjectifs avec le verbe être :

ADJECTIFS	Masculin	Féminin	NOMS	
	content	contente		La joie
	triste	triste		Le plaisir
	angoissé	angoissée		Le bonheur
	heureux	heureuse		La peur
	malheureux	malheureuse		La tristesse
				L'angoisse

8 • Classez les adjectifs p. 74 dans les deux listes.

Sentiments **+**	Sentiments **−**
(joie, plaisir…)	(peur, tristesse…)
…	…

9 • Complétez avec des noms de sentiments (p. 74) les expressions pour dire :

1. être très, très content = être fou de ☐☐☐☐
2. trouver la chose désirée = trouver son ☐☐☐☐☐☐☐
3. avoir une réaction très forte
   devant un danger = avoir une ☐☐☐☐ bleue

Notez des expressions semblables dans d'autres langues.

Je suis angoissé !

DES RÉPLIQUES **EXPRIMER DES SENTIMENTS**

COMMUNICATION
**Pour exprimer sa tristesse,
sa peur, on dit :**

– Ça va ?
– Je flippe. Les parents fument
toujours à la maison. Je vais
avoir un cancer. J'ai peur.

– Qu'est-ce qu'il y a ?
– Ça ne va pas bien.
Ça va mal.

– Ça ne va pas bien ?
– Je suis triste.
Je suis malheureux.

10 • À partir du tableau p. 74, complétez les répliques.

Exemple : … . Florence ne reste pas.
    ➜ Je suis triste. Florence ne reste pas.

1. …, mes parents déménagent.
2. …, mon grand-père va mal.
3. …, ma sœur va en Angleterre pour un an.
4. …, j'ai un examen demain.
5. …, il est minuit. Florian ne rentre pas.
6. …, je suis sans travail.

CONSEILLER, ENCOURAGER

COMMUNICATION
Pour donner des conseils, on dit :

– Tu peux /Tu pourrais appeler
Capucine.
– Parle/Appelle/Fais…

Pour encourager on dit :

– Allez, pas de panique !
– Courage ! Ce n'est pas grave.
– Ça va aller !
– Ce n'est pas important !

11 • Guillaume cherche du travail : complétez la conversation d'après les indications.

Guillaume : – Je flippe ! La semaine prochaine,
      j'ai un entretien chez L'Oréal.
Son frère : – (encourager)
Guillaume : – Oui, mais j'ai peur.
Son frère : – … (donner des conseils : parler
      calmement, rester tranquille…).

DES FORMES

EST-CE QUE ? QU'EST-CE QUE...

Il y a des questions à intonation montante (U.1).
— Tu vas bien ?
— Ça va, ça va.

GRAMMAIRE

On peut aussi poser une question avec est-ce que :

- Est-ce que tu vas bien ?
- Non, ça ne va pas bien.

Il y a aussi qu'est-ce que :

- Qu'est-ce que j'achète ?
- Une baguette.

- Qu'est-ce que tu veux pour dîner ?
- Un gros bifteck et des frites.

12 • **D'après le tableau, répondez.**

On utilise *qu'est-ce que* pour :
s'informer sur le lieu ❏
poser une question sur une chose ❏
s'informer sur le temps ❏
s'informer sur une action ❏

Ça va ?
Non, ça ne va pas.

13 • **Complétez avec** *est-ce que* **ou** *qu'est-ce que*, **selon le cas.**

1. ... tu achètes au supermarché ?
2. ... vous aimez voyager ?
3. ... tu restes ici ?
4. ... vous préférez : le chocolat blanc ou le chocolat noir ?

LES VERBES POUVOIR ET VOULOIR

Les verbes pouvoir et vouloir servent à être poli.
Dans « Tu peux appeler Capucine », on a pouvoir au présent.

14 • **Lisez la conjugaison du présent de** *pouvoir*, **puis répondez.**

CONJUGAISON

PRÉSENT : POUVOIR

Je peux entrer ?
Tu peux répondre ?
Il/Elle peut partir demain.
Nous pouvons commencer.
Vous pouvez sortir, ce soir !
Ils/Elles peuvent jouer dehors.

GRAMMAIRE

Pouvoir indique la possibilité :
Vous pouvez prendre le train ou l'avion.

Pouvoir exprime aussi une demande :
Tu peux faire les courses ?

Notez les formes en *peu-* et les formes en *pouv-* : ...

Dans « Je veux bien », on a vouloir au présent.

15 • Lisez la conjugaison du présent de *vouloir*, puis répondez.

CONJUGAISON

PRÉSENT : VOULOIR

Je veux une pomme.
Tu veux manger ?
Il/Elle veut rentrer tôt.
Nous voulons voyager.
Vous voulez quelque chose.
Ils/Elles veulent tout !

GRAMMAIRE

Le verbe vouloir sert à demander :
Maman, je veux une glace !

Vouloir exprime aussi l'intention, le désir :
Je veux être riche.

Notez les formes en *veu-* et les formes en *voul-* : …
Comparez avec *pouvoir*.

16 • **Complétez par** *vouloir* **et** *pouvoir*, **d'après les indications.**

1. Qu'est-ce que vous …, au fait ? (vouloir)
2. Je … entrer ? (pouvoir)
3. Nous … être là à neuf heures. (pouvoir)
4. Nous … voir le directeur, s'il vous plaît. (vouloir)

Je veux être riche !

CONDITIONNEL

GRAMMAIRE

En français, on utilise le conditionnel pour demander poliment, pour donner des conseils :

– Je voudrais un ticket de métro, s'il vous plaît.
– Nous voudrions réserver trois billets d'avion Nice-Rome pour le 20.
– Vous pourriez faire ça.

CONJUGAISON

CONDITIONNEL : POUVOIR

Je pourr-ais
Tu pourr-ais
Il/elle pourr-ait
Nous pourr-ions
Vous pourr-iez
Ils/elles pourr-aient

CONDITIONNEL : VOULOIR

Je voudr-ais
Tu voudr-ais
Il/elle voudr-ait
Nous voudr-ions
Vous voudr-iez
Ils/elles voudr-aient

17 • **Observez les terminaisons et répondez.**

Le conditionnel a toujours les mêmes terminaisons avec *pouvoir* et *vouloir*.

OUI ❏   NON ❏

18 • **Demandez poliment, avec** *vouloir* **au conditionnel. Donnez des conseils, avec** *pouvoir* **au conditionnel.**

Exemple : Je, parler au directeur
➔ Je voudrais parler au directeur.

1. Je … une fiche d'inscription.
2. Nous … deux aller-retour Paris-Strasbourg.
3. Je … un plan de la ville, s'il vous plaît.

Exemple : Vous, faire des voyages
➔ Vous pourriez faire des voyages.

1. Tu … sortir avec les copains.
2. Tu … faire du sport.
3. Vous … organiser une fête.

DES SONS — LES VOYELLES NASALES [ã] et [ɔ̃]

Dans la conversation *C'est grave, non ?* p. 74, il y a des mots avec le son [ã], comme dans p**an**rents, c**an**cer, **en**core. Il y a d'autres mots avec le son [ɔ̃], comme dans mais**on**, n**on**, balc**on**.

19 • Écoutez et cochez [ã] ou [ɔ̃].

	[ã]	[ɔ̃]
1.	❑	❑
2.	❑	❑
3.	❑	❑
4.	❑	❑
5.	❑	❑

21 • Écoutez et cochez le son [ɔ̃].

1.	❑
2.	❑
3.	❑
4.	❑
5.	❑

20 • Écoutez et répétez.

1. Nous avons le plaisir d'annoncer la naissance de Louise.
2. Ton conseil est très utile.
3. Elle est toujours angoissée.
4. En septembre, je déménage à Toulon.

Et maintenant, à vous !

22 • Imaginez et jouez les conversations.

A- Christophe, 27 ans, est diplômé en chimie. Il va faire un stage de six mois en Allemagne. Il flippe : il doit quitter ses amis, changer d'habitudes. Antoine encourage et conseille Christophe. (6 répliques).

Christophe : – La semaine prochaine, c'est le départ...

Antoine : –
...

B- Anaïs, 32 ans, employée, est angoissée. Son entreprise ferme et elle n'a plus de travail. Elle parle à Christelle : son amie encourage et donne des conseils à Anaïs. (6 répliques)

Anaïs : – Christelle, je suis angoissée...
Christelle : – ....
Anaïs : – Mon entreprise...

Allô, Sarah à l'écoute !

23 • Écoutez et cochez la bonne réponse.

1. Il s'agit de :
une conversation entre amies ❏
une émission radio ❏
l'interview d'un personnage célèbre ❏

2. On parle de :
problèmes de santé ❏
problèmes personnels ❏
problèmes de société ❏

24 • Écoutez à nouveau une partie à la fois. Cochez la bonne réponse.

Partie 1
1. L'appel est de :
Clémence ❏
Clémentine ❏
Constance ❏

2. Elle a :
17 ans ❏
15 ans ❏
18 ans ❏

3. Elle est de :
Toulouse ❏
Tours ❏
Toulon ❏

Partie 2
1. La jeune fille est :
contente ❏
malheureuse ❏
heureuse ❏

2. Qui s'en va ?
Sa meilleure amie
❏
Sa cousine ❏
Sa mère ❏

Partie 3
1. Sarah donne :
quatre conseils ❏
deux conseils ❏
un conseil ❏

2. Quels sont les conseils
de Sarah ?
Aller voir Lucie ❏
Écrire ou téléphoner
à Lucie ❏
Chercher d'autres amis ❏
Oublier Lucie ❏

DES LETTRES AN/AM, EN/EM, ON/OM

ORTHOGRAPHE

En français, les lettres an/am et en/em notent le son [ã] :
français, étranger, Clémence

Les lettres on/om notent le son [ɔ̃] :
garçon, bonjour, prénom

25 • Écoutez et complétez les mots
par *an/am*, *en/em* **ou** *on/om*.

1. Étudi...t
2. Dim...che
3. Rép...se
4. Garç...
5. L...gue

6. Professi...
7. C...versation
8. C...tre
9. N...
10. Naiss...ce

26 • Lisez et écoutez. Soulignez les mots
où il n'y a pas de voyelle nasale.

1. Pomme
2. Angoisse
3. Personne
4. Septembre

5. Téléphone
6. Tomate
7. Réaction
8. Artisan

ORTHOGRAPHE

Si les voyelles a, e, o et les consonnes m, n appartiennent à deux syllabes différentes :
télépho-ne ➜ pas de nasale.
S'il y a une consonne double : homme ➜ pas de nasale.

Cher Journal...

Tenir un journal intime, utile ou idiot ?

Des lecteurs répondent à la question. Voici des réponses–type.

1 Le journal intime permet de parler de ses problèmes.

2 C'est comme un ami, une amie.

3 Le journal, c'est pour les souvenirs.

4 Mon journal est utile pour réfléchir sur ma vie, mes amis, les gens.

5 Tenir son journal, ce n'est pas utile. C'est une perte de temps !

6 Pour moi, écrire un journal est complètement idiot.

7 C'est utile pour exprimer ses sentiments.

8 Avoir un journal intime n'est pas un plaisir. Pourquoi je devrais lire les petites histoires de ma vie ?

27 • **Lisez et répondez.**

1. Le texte est :
   une lettre ❏
   une interview ❏
   des réponses à un questionnaire ❏

2. Les lecteurs répondent à une question.
   Repérez la question.

3. Tenir un journal intime signifie :
   lire un journal avec attention ❏
   écrire tous les jours des impressions,
   des faits personnels ❏
   acheter un journal préféré ❏

4. Dans quelles réponses, le journal intime est
   « utile » ?

5. *Idiot* signifie :
   intelligent ❏
   intéressant ❏
   stupide ❏
   Réfléchir signifie :
   penser ❏
   regarder ❏
   aimer ❏

6. Dans quelles réponses, le journal intime est
   « idiot » ?

**Et pour vous, un journal intime,
c'est utile ou idiot ?**

J'ai trop de travail...

28 • Voici des blogs (journal intime) sur Internet. Lisez.

LE BLOG DE VALÉRIE
Paris est une **VILLE TROP GRANDE** je suis angoissée. **J'AI PEUR.** (posté le mardi 21 octobre)

À la fac, les notes ne sont pas bonnes. Les parents ne sont pas contents. Moi, je flippe...
Gaston
posté le lundi 7 mai

Je suis fatiguée, j'ai trop de travail !!! Je ne suis pas **HEUREUSE**
Adeline
posté le vendredi 10 juin

1. Quel est le problème de :
   Valérie : ...
   Gaston : ...
   Adeline : ...

2. Comment ils manifestent leurs sentiments ?
   Valérie : ...
   Gaston : ...
   Adeline : ...

DES FORMES — NE... PAS

Les phrases suivantes expriment le sens négatif à l'aide de ne... pas :
Je ne suis pas heureuse.
Le journal intime n'est pas un plaisir.

29 • Observez les phrases et soulignez les mots négatifs.

1. L'économie n'est pas bonne.
2. Le journal intime, je n'aime pas ça.
3. Ça ne va pas bien.

Quelle est la place de *ne... pas* par rapport au verbe ?
Ne et *pas* devant le verbe ❏
Ne et *pas* après le verbe ❏
Ne devant le verbe, *pas* après ❏

GRAMMAIRE
En français, on exprime la négation par : ne (n') + verbe + pas

– Je ne suis pas content !
– On n'entre pas ici.

30 • Dites le contraire ! Ajoutez *ne...pas.*

1. Je suis contente.
2. Laurent va au supermarché.
3. Ils regardent la télé.

Et maintenant, à vous !

31 • Exprimez des sentiments et complétez les blogs, d'après le modèle dans DES TEXTES p. 82 : date, problème, sentiment.

1. ... novembre : mon chien est mort.... (sentiment)
2. ... février : je ne vais pas en vacances à la montagne, trop cher...
3. date : (problème) Je suis angoissé.
4. date : (problème) J'ai peur.

Écrivez une ligne de votre blog !

Profil	Blog
	(Aujourd'hui)...............................

Alors, votre français ?

COMMUNIQUER

À l'oral, je peux :

❏ exprimer la tristesse, la peur — *Je flippe.* — *Ça ne va pas bien…*

❏ conseiller, encourager un ami — *Tu devrais appeler…* — *Courage ! Ce n'est pas grave…*

À l'écrit, je peux :

❏ écrire un blog — *Vendredi 10 juin : Je suis fatiguée…*

GRAMMAIRE

Je sais utiliser :

❏ les verbes : *pouvoir, vouloir* (présent et conditionnel) — *Je peux, je pourrais…* — *Tu veux, tu voudrais…*

❏ la syntaxe :
Est-ce que… ? — *Est-ce que tu vas bien ?*
Qu'est-ce que… ? — *Qu'est-ce que tu veux ?*
Ne… pas — *Je n'aime pas ça.*

❏ les adjectifs masculin, féminin — *Heureux/heureuse…*

NOTIONS ET LEXIQUE

Je sais utiliser les mots concernant :

❏ les sentiments
Adjectifs et noms
Heureux, -euse
Contente
La joie, le plaisir…
❏ la probabilité
Peut-être

Découvertes

L'égalité homme/femme : toujours d'actualité.

La Constitution française de 1946 affirme, pour la première fois, le principe de l'égalité des droits entre les femmes et les hommes dans tous les domaines.

60 ans après, le principe n'est pas complètement appliqué.

Par exemple, dans le secteur privé, le salaire d'une femme est en moyenne de 25% inférieur au salaire d'un homme.

La loi du 24-03-06 vise à supprimer la différence de salaire entre hommes et femmes dans les cinq prochaines années.

1 • **Lisez et répondez.**

1. Quel texte affirme l'idée d'égalité entre les hommes et les femmes ?
2. Est-ce que le principe d'égalité est complètement réalisé ?
3. Le salaire d'une femme est inférieur (↓) ou supérieur (↑) au salaire d'un homme ?
4. De combien en % ?

La sélection commence après le lycée : les jeunes filles ont des résultats plus brillants au bac, mais à l'université...

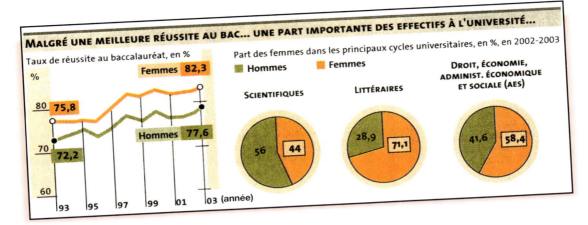

MALGRÉ UNE MEILLEURE RÉUSSITE AU BAC... UNE PART IMPORTANTE DES EFFECTIFS À L'UNIVERSITÉ...

Taux de réussite au baccalauréat, en %

Part des femmes dans les principaux cycles universitaires, en %, en 2002-2003

■ Hommes ■ Femmes

Le Monde, 25-03-05

2 • **Observez les graphiques et répondez.**

GRAPHIQUE 1 :
Taux de réussite au baccalauréat

1. Combien de femmes, en %, ont le bac en 93 ?
2. Combien d'hommes, en %, ont le bac en 93 ?
3. En 2003, la situation (+ de femmes et – de garçons ont le bac) change ou non ?

GRAPHIQUE 2 :
Part des femmes dans les principaux cycles universitaires

1. Les trois cercles concernent quelles études ?
2. Quelles études les femmes choisissent en grand pourcentage (%) ?
3. Et les hommes ?

3 • **Observez le dessin (c'est une scène de famille), et répondez.**

1. Qui sont les personnages ?
2. Qui parle à qui ?
3. Qui est le chef du mari ?
   ❏ Un homme.
   ❏ Une femme.
4. D'après vous, *se venger* veut dire :
   ❏ parler
   ❏ faire payer
   ❏ regarder
5. Qu'est-ce que ce dessin montre ?

Que pensez-vous de la situation des femmes ici ? Et chez vous ?

Quelle bonne nouvelle !

Pour montrer que vous êtes content, comment vous dites ?

"يا لها من بشرى سارّة !"*

🔘 **4** • **Écoutez et lisez :**

Salima : – Allô, mémé, ça y est, j'ai le bac, tu sais.

Grand-mère : – Oh ! Quelle bonne nouvelle ! Enfin... Super ! Génial, comme vous dites.

Salima : – Merci.

Grand-mère : – Et qu'est-ce que tu vas faire après, ma petite Salima ?

Salima : – Je ne sais pas, mémé. Peut-être la fac de sciences.

Grand-mère : – Les sciences, c'est pour les filles ?

Salima : – Mais, bien sûr que oui, mémé. C'est fini les femmes qui font du droit ou des langues !

Grand-mère : – Ah bon ! Je suis contente. C'est bien comme ça.

*En arabe : « Quelle bonne nouvelle ! »

🔘 **5** • **Écoutez encore et répondez.**

1. Salima téléphone à :
   sa mère ❑
   une amie ❑
   sa grand-mère ❑

2. La nouvelle annoncée est :
   bonne ❑
   mauvaise ❑
   ni bonne ni mauvaise ❑

3. Salima parle :
   de ses amies ❑
   de ses études ❑
   de sa famille ❑

🔘 **6** • **Écoutez à nouveau. Cochez les bonnes réponses.**

1. Salima a le bac. ❑
2. La grand-mère demande de répéter. ❑
3. Salima va étudier les langues à l'université. ❑
4. La grand-mère est contente du choix de sa petite-fille Salima. ❑

7 • *Bac* et *fac* sont des abréviations courantes. Voici la seconde partie des deux mots : *...ulté/...calauréat.*
Complétez les abréviations et cochez la bonne réponse.

1. *Bac...* est :
   un plat traditionnel ❑
   un examen ❑
   une voiture ❑

2. *fac...* est :
   une unité de l'université ❑
   une entreprise industrielle ❑
   un stage professionnel ❑

Alors ?

• **Pour exprimer sa joie, la grand-mère de Salima dit : ...**
• **Écoutez encore et jouez la conversation à deux.**

DES MOTS   LES ÉTUDES

• *L'enseignement en France est obligatoire de 6 à 16 ans. C'est l'école élémentaire et le collège. Puis, pour certains, il y a le lycée et l'université.*
• *En 2005, 490 000 jeunes obtiennent le baccalauréat : ils sont environ 63 % de leur génération.*
• *Sur 10 jeunes avec le bac, 9 vont à l'université : en 2005, il y a 440 000 nouveaux étudiants.*

(Données Ministère de l'Éducation nationale, de l'enseignement supérieur et de la recherche)

8 • Lisez le document.

1. Il parle :

de l'école en France ❑

des relations jeunes/adultes ❑

des professions ❑

2. Comment on dit chez vous ?

École obligatoire : ...   Baccalauréat : ...

École primaire : ...   Lycéen : ...

Collège : ...   Étudiant : ...

Lycée : ...   Examen : ...

Diplôme : ...

9 • Il y a trois années d'études au lycée : seconde, première, terminale.

Voici les matières principales d'une classe de seconde d'un lycée.

Français	4 heures par semaine
Histoire-Géographie	3 h 00
Langue vivante 1	2 h 00
Langue vivante 2	2 h 00
Mathématiques	3 h 00
Physique-Chimie	3 h 30
Sciences de la vie et de la terre	2 h 00
Éducation physique et sportive	2 h 00
Éducation civique, juridique et sociale	30 mn

Quelles matières il n'y a pas chez vous ? Quelle(s) matière(s) de votre programme n'existe(nt) pas en France ?

Quelles matières préférez-vous ?

En France, une heure de classe dure 55 minutes. Et chez vous ?

DES RÉPLIQUES   **EXPRIMER LA JOIE, LE PLAISIR, LE BONHEUR**

COMMUNICATION

Pour manifester sa joie, on dit :

– Ça y est. J'ai le bac, tu sais.
– Oh !/ Ah ! Quelle bonne nouvelle !

– J'ai fini mon rapport de stage.
– Génial ! Super ! Bien !

– Tu sais, Jean-Marc est arrivé !
– C'est extra !

10 • Exprimez la joie, le bonheur dans les situations suivantes.

1. Arthur : – Ça y est. J'ai mon permis de conduire !

   Son ami : – ...

2. Valérie : – Ma sœur a un bébé, tu sais. Il a six jours.

   Son amie : – ...

3. Grégoire : – Je vais en Argentine pour six mois : un stage à la fac !

   Son ami : – ...

4. Le chef de service : – Vous travaillez bien, Vigner. Je propose au directeur une augmentation de trente euros par mois pour vous.

   Jean-Marc Vigner : – ...., merci, monsieur.

DES FORMES — LES NOMS DE PROFESSIONS

GRAMMAIRE

Masculin	Féminin
un dentiste	une dentiste
un enseignant	une enseignante
un électricien	une électricienne
un boulanger	une boulangère
un professeur	une professeure
un auteur	une auteure
un médecin	un médecin
un inspecteur	une inspectrice
un acteur	une actrice
un écrivain	une écrivaine

11 • Écoutez et comparez la forme écrite et orale des professions, au masculin et au féminin. Répondez aux questions.

	OUI	NON
1. Au féminin, on ajoute toujours la lettre e.	❏	❏
2. Au féminin, on entend souvent la consonne finale comme dans *ouvrier* [uvrie], *ouvrière* [uvriɛr].	❏	❏
3. Tous les noms de professions ont un féminin.	❏	❏

12 • Complétez par le nom de profession.

1. Salima veut être ... . (informaticien)
2. Madame Besse est ... . (pharmacien)
3. Mon oncle est ... . (boulanger)
4. Les ... manquent à la campagne. (médecin)
5. Isabelle Amblard est nommée ... de l'année. (acteur)

LE VERBE FINIR

Voici la conjugaison des verbes en –ir, comme finir, choisir, remplir.

13 • Lisez le tableau. Puis, répondez.

CONJUGAISON

PRÉSENT : FINIR

Je finis et j'arrive.
Tu finis tes devoirs ?
Il/Elle finit aujourd'hui.
Nous finissons tard, ce soir.
Vous finissez quand ?
Ils/Elles finissent leur stage demain.

IMPÉRATIF

Finis ta viande !
Finissez vite !

Finis/finit ont une base : fin-.
Finissons/finissez/finissent ont une base : ...

14 • Mettez les verbes au présent.

1. Je ... le chapitre, puis je répète tout. (finir)
2. Est-ce qu'elle ... ses études cette année ? (finir)
3. Vous ... le questionnaire, s'il vous plaît. (remplir)
4. ... ta phrase, s'il te plaît ! (finir, impératif, tu)

LE VERBE SAVOIR

Salima dit : J'ai le bac, tu sais. **Sais est la forme du présent de savoir, à la 2ᵉ personne du singulier.**

15 • Lisez le tableau. Puis répondez.

CONJUGAISON

PRÉSENT : Savoir

Je sais parler chinois.
Tu sais où se trouve le lycée ?
Il/Elle sait déjà lire.
Nous savons tout, madame !
Vous savez danser le tango ?
Ils/Elles savent tout faire.

Au singulier, la base est : sa-
Au pluriel, la base est : …

16 • Complétez par savoir.

1. Ils ne … pas la vérité.
2. Vous … aller à la gare ?
3. Laurence ne … pas compter, elle est petite !
4. Tu … l'heure, s'il te plaît ?
5. Je … parler thaï.

AIMÉ, ARRIVÉ, DIT...

Dans le tableau Des répliques p. 87, il y a :
J'ai fini mon rapport, Jean-Marc est arrivé.

Ce sont des participes passés. **Ils sont comme des adjectifs :**
Je suis fatigué.

Avec être et avoir, les participes passés forment les temps composés.
Par exemple : le passé composé : j'ai fini hier.

17 • Voici d'autres formes du participe passé. Lisez, répétez et complétez la liste.

Infinitif	Participe passé	Infinitif	Participe passé
Finir	fini	1. Choisir	…
Aimer	aimé	2. Remplir	…
Arriver	arrivé	3. Parler	…
Dire	dit	4. Regarder	…
Écrire	écrit		

CONJUGAISON

Le participe passé avec l'auxiliaire être s'accorde avec le sujet, comme les adjectifs, et forme le passé composé.

Brigitte est arrivée.
Brigitte est contente.

18 • Mettez les verbes au participe passé.

1. Le printemps est … ! (arriver)
2. Qu'est-ce que tu as … ? (dire)
3. J'ai … un message à Florent. (envoyer)
4. Qu'est-ce que tu as … comme dessert ? (choisir)
5. Nous avons beaucoup … le spectacle. Félicitations ! (aimer)

QUEL(S), QUELLE(S)

Vous avez rencontré quel, quelle…, p. 86 : Quelle bonne nouvelle !

GRAMMAIRE

Quel est :
– **un mot exclamatif. Il indique la surprise, l'étonnement.**
Quel beau temps !
– **un mot interrogatif. Il indique qu'il y a une question.**
Quelle est ta taille ?

On utilise quel devant un verbe
Quels sont tes projets ?

ou devant un nom.
Quel spectacle !

Quel s'accorde avec le nom.
Quelle surprise ! (féminin singulier)
Quel est ton prénom ? (masculin singulier)

DES SONS | **LE SON [ɛ̃]**

Vous connaissez déjà les sons [ã] et [ɔ̃] (unité 5, Des sons). Dans la conversation p. 86, on dit : enfin, bien. C'est le son [ɛ̃].

19 • Écoutez et cochez [ɛ̃].

1. ❑   2. ❑   3. ❑   4. ❑   5. ❑

20 • Écoutez et répétez.

1. Marie est sympathique.
2. Justin est lycéen, il est en terminale.
3. Quel bon film ! J'ai aimé !
4. J'écoute les informations à la radio.
5. Tu vas aux grands magasins, samedi ?

21 • Écoutez et cochez [ɛ̃], [ã], [ɔ̃].

	[ɛ̃]	[ã]	[ɔ̃]
1.	❑	❑	❑
2.	❑	❑	❑
3.	❑	❑	❑
4.	❑	❑	❑
5.	❑	❑	❑

Et maintenant, à vous !

22 • Imaginez et jouez les conversations.

A- Francis, en terminale scientifique, a le meilleur bulletin de la classe. Il annonce cela à sa copine, Hélène. Elle est contente et demande à Francis ce qu'il va faire, à l'université (des lettres, du droit, des sciences...).

Francis : – Hélène,...
Hélène : – ... ! Et qu'est-ce que tu...
Francis : – ...
Hélène : – ...

B- Nathalie annonce à son oncle qu'elle va se marier. L'oncle exprime sa joie et pose des questions : le prénom, la profession du futur marié, la date du mariage, le cadeau de mariage...

Nathalie : – C'est décidé, tonton. Je vais me marier !
L'oncle : – ...
Nathalie : – Il s'appelle...
L'oncle : – C'est quand... ?
Nathalie : – ...
L'oncle : – ...
Nathalie : – Peut-être un ordinateur : c'est pour le travail, tu sais.

Comprendre un jeu
radiophonique

Répondez et gagnez !

23 • Écoutez et cochez la bonne réponse.

1. C'est :
   un jeu radiophonique ❑
   un sondage ❑
   une interview ❑

2. On pose une question. Elle concerne :
   un acteur ❑
   un président de la République ❑
   l'oncle de Julien ❑

24 • Écoutez à nouveau. Cochez vrai ou faux.

	VRAI	FAUX
1. Si la réponse est bonne, Julien gagne 1000 euros.	❑	❑
2. On appelle Jacques Chirac *tonton* (oncle).	❑	❑
3. Julien a vingt secondes pour répondre.	❑	❑
4. Sa réponse est exacte.	❑	❑
5. Avec l'argent gagné, il veut faire un voyage.	❑	❑
6. Il veut aller à Nouméa.	❑	❑
7. Julien exprime sa joie.	❑	❑

25 • Complétez.

En français ordinaire , on appelle : la tante ➔ tata
la grand-père ➔ pépé (ou papy)
l'oncle ➔ ...
la grand-mère ➔ ... (ou mamie)

DES LETTRES

LES LETTRES IN/IM, AIN/AIM, EIN, (I)EN

En français, les lettres **in/im, ain/aim, ein, (i)en** notent le son [ɛ̃] :
maintenant, quinze, Julien, bien…

26 • Écoutez et soulignez les lettres qui notent le son [ɛ̃]. Attention aux intrus !

1. Pain
2. Bulletin
3. Technicien
4. Parent
5. Réponse
6. Impératif

ORTHOGRAPHE

La terminaison en e + n, note une voyelle nasale, par exemple, dans les noms de profession :
un technicien (masculin)

Les noms féminins correspondants ont la terminaison en + ne :
une technicienne

27 • Écoutez et lisez. Puis répondez oui ou non.

	Masculin	**Féminin**
1.	Informaticien	Informaticienne
2.	Lycéen	Lycéenne
3.	Chirurgien	Chirurgienne
4.	Physicien	Physicienne
5.	Gardien	Gardienne

	OUI	NON
1. Les formes au masculin et au féminin ont le même son.	❑	❑
2. La syllabe finale du masculin est une voyelle nasale [ɛ̃] : ly- cé- en.	❑	❑

Heureux événements

28 • **En France, quand on se marie ou on a des enfants, on envoie des faire-part. On peut aussi passer des annonces dans les quotidiens. Lisez et répondez aux questions.**

1

NAISSANCES

Philippe et Marie Mellot
les grands-parents

Xavier et Muriel Mellot
les parents

sont heureux d'annoncer
la naissance de

Moïra

à Toulon, le 25 mai 2006

2

Mariages

Jacqueline et Yves Labbé
Annie et Antoine Le Roux

ont le plaisir d'annoncer
le mariage de leurs enfants

Laure et Grégoire

le 2 juin, à Agen

3

Marianne et Daniel Frolon
ont la joie d'annoncer
la naissance de

Léo

à Draguignan, le 24 mai 2006

4

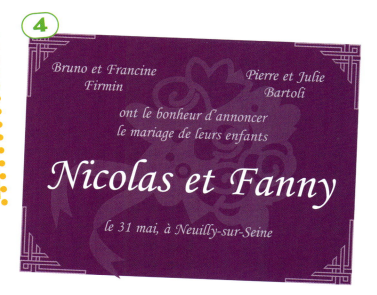

Bruno et Francine
Firmin

Pierre et Julie
Bartoli

ont le bonheur d'annoncer
le mariage de leurs enfants

Nicolas et Fanny

le 31 mai, à Neuilly-sur-Seine

1. On annonce des événements :
   tristes ❑   heureux ❑

2. Quels événements ?

29 • Lisez à nouveau les annonces 1 et 2. Puis 3 et 4.
Complétez le tableau.

	Annonces 1 et 2	Annonces 3 et 4
Qui fait l'annonce ?	1. Les grands-parents .... 2.	3. .... 4. ....
Sentiments exprimés	1. sont ... (de) 2. ont ... (de)	3. ont ... (de) 4. ont ... (de)
Événement	1. .... 2.	3. .... 4. ....
Lieu/Date	1. .... 2.	3. .... 4. ....

Salut, Sylvain !

30 • **Lisez les cartes postales et répondez.**

> **A**
>
> Chère Roxane,
> J'ai une nouvelle
> à t'annoncer :
> j'ai un petit frère !
> Il s'appelle Léo.
> Je suis super contente !
> Bises
>
> Martine
>
> Mme Roxane Charvet
> 15 cours de la Libération
> 38000 Grenoble
> ----------------

> **B**
>
> Salut, Sylvain !
>
> Je vais en vacances en Inde,
> cet été.
> C'est extra !
> Je suis HEU-REUX !
>
> À bientôt !
> Cyrille
>
> M. Sylvain Bretard
> 12, rue Pierre Chalnot
> 54000 Nancy......
> ----------------

1. On annonce :
   une bonne nouvelle ❏
   une mauvaise nouvelle ❏
2. On écrit :
   à des amis ❏
   à ses professeurs ❏
   à un journal ❏

31 • **Complétez le tableau.**

	A	B
Prendre contact	Chère Roxane	
Informer		
Exprimer la joie		C'est super !
Prendre congé		

DES FORMES — **UN, UNE, DES**

32 • **Observez les phrases et répondez.**

1. Un journal intime, c'est pour les souvenirs.
2. Salima annonce une bonne nouvelle.
3. Il faut des citrons et une bouteille de jus de fruits.
4. J'ai une réunion à 18 h 00.
5. Luc envoie toujours des SMS aux enfants.

	OUI	NON
1. *Un/une* veut dire un seul et un quelconque (objet, personne).	❏	❏
2. *Des* indique la quantité précise (au pluriel).	❏	❏

GRAMMAIRE

Les articles un, une désignent un seul et un quelconque objet ou personne.
Ils ont un enfant.
Tu as un parapluie ?

Des indique la quantité vague, sans limites.
Il y a des fruits à la maison.

Comme pour le, la, les, les articles un, une signalent le genre des noms.
un souvenir *(masculin)*
une promenade *(féminin)*

Au pluriel, il y a une seule forme pour le masculin et pour le féminin : des
des souvenirs, des promenades

33 • **Complétez avec** *un*, *une* **ou** *des*.

1. J'ai ... amis belges.
2. Elle reste ... semaine à Paris.
3. Luc fait ... stage à Genève.

À + INFINITIF

34 • **Soulignez les formes** *à* + infinitif **et cochez la bonne réponse.**

1. Nous avons des choses à dire au directeur.
2. On a des gens à voir.
3. Il a des examens à passer.

1. Le verbe des phrases avec *à* + infinitif est :
   être ❏
   vouloir ❏
   avoir ❏

2. Les phrases avec *à* + infinitif expriment :
   la volonté ❏   le devoir ❏
   la possibilité ❏

35 • **Remettez les mots dans l'ordre.**

1. avons/nous/acheter/à/une nouvelle lampe
2. beaucoup de courses/on/à/faire/a
3. ils/un billet de train/à/retirer/ont

Parfois, à l'écrit, on utilise **à** + **infinitif** seul : il s'agit de panneaux dans la rue, de notes personnelles.

Et maintenant, à vous !

36 • **Sur le modèle des cartes postales p. 94, écrivez des cartes postales à partir des suggestions.**

1. Marion a un neveu, le bébé de sa sœur.

2. Luc a un nouvel appartement...

3. Julie fait un voyage d'un mois au Mexique. ...

Chère Chloé,
J'ai un neveu.
Il s'appelle Clovis...
...

Alors, votre français ?

COMMUNIQUER

À l'oral, je peux :
❏ exprimer la joie,   *Ah ! Quelle bonne nouvelle !*
le bonheur   *Super !...*

À l'écrit, je peux :
❏ écrire une carte postale   *Chère Roxane, J'ai une nouvelle...*

GRAMMAIRE

Je sais utiliser :
❏ les verbes
Finir (présent, impératif)   *J'ai fini et j'arrive.*
Savoir (présent)   *Je sais parler chinois.*
Participe passé : fini, aimé,   *J'ai écrit une carte.*
arrivé, dit, écrit

❏ la syntaxe   *À vendre...*
à + infinitif

❏ les noms de profession   *Boulanger*
masculins et féminins   *Boulangère*

❏ l'adjectif exclamatif et
l'adjectif et le pronom   *Quelle chance !*
interrogatif *Quel/quelle*   *Quel âge tu as ?*

❏ les articles   *Un souvenir*
Un, une, des   *Une promenade*
    Des fruits

NOTIONS ET LEXIQUE

Je sais utiliser les mots concernant :
❏ les études
Le collège, le lycée...
L'histoire, la physique...

❏ les professions
Un dentiste, un auteur...

Réaliser un scénario

Vous allez inventer un roman d'amour : le titre et le scénario.

● **En groupe (4 à 5), cherchez sur Internet ou dans une bibliothèque (par ex. : site Amazon.fr) des titres de romans d'amour français.**

- Par exemple : *La première rencontre, Un amour vrai…*
  Notez 6 à 8 titres : ils vont servir de modèle.
- Vous imaginez l'identité des personnages : un homme et une femme, âge, ville où l'histoire a lieu…
- Observez le schéma. Il reproduit les moments possibles d'une histoire d'amour :
  un peu, beaucoup, passionnément, à la folie, pas du tout.

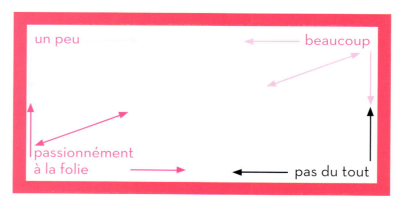

À partir du schéma, on peut inventer beaucoup d'histoires.
Exemple :

	Moment 1	Moment 2	Moment 3	Moment 4	…
Homme	pas du tout	beaucoup	passionnément	pas du tout	…
Femme	à la folie	passionnément	un peu	pas du tout	…

● **Vous avez un scénario pour un roman d'amour.**

- Tous ensemble, imaginez maintenant un scénario en 4 moments différents, pour elle et pour lui, pour créer un roman.
- Chaque groupe invente 1 titre de roman à partir du scénario. Utilisez les titres de romans français comme modèle.
- Chaque groupe crée son histoire, à partir du scénario commun.
- Chaque groupe raconte son histoire.

● **Vous pouvez enfin préparer et exposer les couvertures de vos romans en classe.**

Compréhension de l'oral

COMPRENDRE UNE CONVERSATION

1 • Écoutez et cochez la bonne réponse.

Qui parle ?

Un enfant et sa mère. ❏
Un jeune homme et une vendeuse. ❏
Un adulte et sa fille. ❏

On parle :

de l'achat d'un cadeau ❏
d'une demande d'information ❏
d'une demande d'explication ❏

Où ?

Dans un supermarché ❏
Dans la rue ❏
Dans une boutique ❏

2 • Le cadeau est pour :

la sœur du jeune homme ❏
la mère du jeune homme ❏
la copine du jeune homme ❏

3 • Le jeune homme voudrait acheter :

un livre ❏
une orange ❏
un foulard ❏

4 • La vendeuse montre au jeune homme :

deux foulards ❏
trois foulards ❏
quatre foulards ❏

5 • Le foulard orange coûte :

65 € ❏   75 € ❏   66 € ❏

6 • Pourquoi le jeune homme n'achète pas le foulard pour sa mère ?

Il n'aime pas les foulards
de la boutique. ❏
Ils sont chers. ❏
Les couleurs ne sont pas belles. ❏

DES CONVERSATIONS   (5 points)

1 • **Complétez la conversation. Xavier annonce à sa femme Véronique une augmentation de son salaire : 100 euros. Ils sont très contents.**   *2,5 points*

Xavier   : – Véronique, j'ai ....
Véronique : – ...
Xavier   : – Tiens, pour fêter ça on va passer
                       un week-end à Bruges.
Véronique : – ...

2 • **Complétez la conversation. Ophélie attend la visite de sa cousine canadienne Marie-Laure. Elle est journaliste et elle doit faire un reportage en France. Ophélie est contente. Elle parle de cela à sa collègue, Delphine.**   *2,5 points*

Ophélie   : – Marie-Laure, ma cousine canadienne,
                     arrive demain. Je suis contente !
Delphine : – Ah !...
Ophélie   : – Elle a trente-deux ans.
Delphine : – ...
Ophélie   : – Elle est journaliste. Elle fait un
                     reportage en France.
Delphine : – ...
Ophélie   : – Elle reste une semaine. C'est sympa !

Vous avez : 5 points. Très bien !
Vous avez : moins de 3 points. Revoyez les pages 86 et 87 du livre.

DES FORMES   (3 points)

3 • **Mettez les mots en italique au féminin.**   *0,5 point*

1. C'est un *acteur* anglais.
2. Pour le vaccin, il faut *un infirmier*.
3. C'est *un inspecteur* de police.
4. Il y a *des ouvriers* devant l'usine.

4 • **Complétez par la bonne forme verbale, d'après les indications.**   *0,5 point*

1. À quelle heure tu ... demain ? (finir, présent)
2. Monsieur, vous avez ... ? (choisir, part. passé)
3. Vous ... être plus gentils ! (pouvoir, conditionnel)
4. Tu ... où se trouve la rue Saint-Augustin ?
   (savoir, présent)

5 • **Complétez avec** *est-ce que* **ou** *qu'est-ce que*, **selon le cas.**   *0,5 point*

1. ... tu veux pour ton anniversaire ?
2. ... je peux faire ?
3. ... Gaston arrive avec le train ?
4. ... vous allez bien, maintenant, madame ?

6 • **Mettez à la forme négative** *ne... pas.*   *1,5 point*

1 Nous restons une semaine.
2 Il parle à son frère.
3 La situation est grave.
4 Vous êtes allemand ?

Vous avez : 3 points. Très bien !
Vous avez : moins de 1,5 point. Revoyez les pages 76, 77, 82 et 88 du livre.

DES SONS ET DES LETTRES   (3 points)

7 • **Écoutez et cochez [ã], [ɔ̃], [ɛ̃].**   *1,5 point*

	[ã]	[ɔ̃]	[ɛ̃]
1.	❏	❏	❏
2.	❏	❏	❏
3.	❏	❏	❏
4.	❏	❏	❏
5.	❏	❏	❏
6.	❏	❏	❏

8 • **Écoutez et complétez les mots.**   *1,5 point*

1. Le b... heur   4. Le s...
2. Les l... gues   5. Le c...cert
3. Le physic...   6. Le v...dredi

Vous avez : 3 points. Très bien !
Vous avez : moins de 1,5 point. Revoyez les pages 78, 79, 90 et 91 du livre.

DE L'ÉCOUTE   (3 points)

9 • **Écoutez et cochez vrai ou faux.**   *3 points*

	VRAI	FAUX
1. L'auditeur s'appelle Florent.	❏	❏
2. Il appelle de Toulon.	❏	❏
3. Il pose une question au psychologue.	❏	❏
4. Il demande pourquoi il est content quand les autres sont tristes.	❏	❏
5. Le psychologue demande si Florent a une famille.	❏	❏

Vous avez : 3 points. Très bien !
Vous avez : moins de 1,5 point. Revoyez les pages 79, et 91 du livre.

10 • **Lisez les blogs et répondez aux questions.**

3 points

> Jeudi 3 septembre :
> J'ai tout, un mari, deux enfants, un travail intéressant, mais ça ne va pas, je ne suis pas contente de ma vie...
>
> (Aurore)
>
> Lundi 30 juin :
> J'ai mon diplôme.
> J'ai 24 ans, je suis heureux
> et la vie est belle !
>
> (Jérôme)
>
> Mercredi 18 mai :
> J'ai une collègue, Morgane. C'est une bonne copine. Mais elle a commencé à imiter mon comportement, ma manière de parler, mes vêtements...
> Je ne supporte plus ça...
>
> (Justine)

	Aurore	Jérôme	Justine
1. Qui est content/e ?	❑	❑	❑
2. Qui a une amie bizarre ?	❑	❑	❑
3. Qui voudrait avoir une vie différente ?	❑	❑	❑

Vous avez : 3 points. Très bien !
Vous avez : moins de 1,5 point. Revoyez les pages 82 et 83 du livre.

11 • **Pascale est en vacances dans les îles : à Bora-Bora, aux Seychelles ou à Tahiti... Elle écrit une carte postale à sa grand-mère.**

> *Lieu, date...*
>
> *Chère...,*
>
> *Je suis...* Prendre contact :
> Informer :
> ... Exprimer ses sentiments :
> Prendre congé :
> ...
>
> *(Signature)*
>
> Mme Danielle Aubrac
>
> 10, Bd Gorbella
>
> _____
>
> 06100 Nice

Vous avez : 3 points. Très bien !
Vous avez : moins de 1,5 point. Revoyez la page 94 du livre.

Évaluez-vous : comptez vos points !
Combien de points ?
Réviser là où vous êtes le plus faible.

AMÉLIOREZ VOTRE MÉMOIRE !

Pour apprendre une langue, la mémoire peut être utile.

Conseils pour améliorer votre mémoire :

1 • Retenez les mots par groupes :
– mots de la même famille (**appren**dre, **appren**ant, **appren**tissage...)
– mots pour faire quelque chose (demander une information :
s'il vous plaît, où se trouve..., à quelle heure...)

2 • Ajoutez des mots nouveaux aux mots connus (apprenti/je cherche...)

3 • Ne retenez pas les mots seuls mais en contexte dans un groupe de mots, comme :
– un proverbe (*L'exception confirme la règle.*)
– un slogan (*La Terre, c'est notre vie !*)
– un titre de film (*Les Poupées russes*)
– une émission de télé (*Les enquêtes du commissaire Maigret*)...

4 • Apprenez par cœur des textes plus longs : poème, chanson, texte en prose.
Répétez ces textes à voix haute.

5 • Retenez dans une phrase les mots difficiles à prononcer pour vous.

Par exemple :
– Ce *lit* est confortable.
– Tu as *lu* cet article ?
– C'est *pour* un sondage...

Exercez-vous avec des mots à prononciation proche :
lit-lu, pour-pur, neuf-nef, deux-dos...

Est-ce que vous faites cela ?
oui ❏
non ❏
je ne sais pas ❏

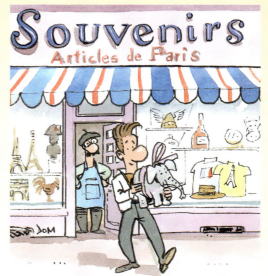

▶ **Vous faites autre chose pour entraîner votre mémoire ? Quoi ?**
Réfléchissez à de nouvelles stratégies pour améliorer votre mémoire... ◀

MODULE 4
Alors, voilà…

CONTRAT D'APPRENTISSAGE

Le module 4 propose des activités pour apprendre à :

UNITÉ 7 Quoi ?	**UNITÉ 8** Et après ?

INTERACTION

UNITÉ 7 Quoi ?

DES CONVERSATIONS
▶ **Décrire quelque chose**

DE L'ÉCOUTE
▶ **Comprendre une publicité à la radio**

DE LA LECTURE
▶ **Comprendre un dépliant touristique**

DES TEXTES
▶ **Écrire des petites annonces**

UNITÉ 8 Et après ?

DES CONVERSATIONS
▶ **Situer un récit dans le temps, raconter**

DE L'ÉCOUTE
▶ **Comprendre une description**

DE LA LECTURE
▶ **Comprendre un test**

DES TEXTES
▶ **Écrire des cartes de vacances**

RÉCEPTION ORALE

RÉCEPTION ÉCRITE

PRODUCTION ÉCRITE

Projet : réaliser un dépliant touristique

Découvertes

Les timbres illustrent souvent l'histoire d'un pays : savants, grands hommes... Les timbres de cette série représentent des nouveautés : elles ont changé la vie des Français.

Le 20ᵉ siècle : petits progrès, grands progrès

Société

1901 – Invention de la machine à laver le linge
Une libération pour les femmes : aujourd'hui, plus de 90 % des familles françaises a une machine à laver.

1936 – Les congés payés deviennent un droit pour tous les Français
Les familles modestes découvrent pour la première fois la mer ou la montagne, les voyages en train, les loisirs... Été 1936 : une grande date dans l'histoire sociale de la France.

Transports

1948 – La 2 Chevaux (2 CV)
Après la guerre, la voiture se démocratise.
La petite voiture à petit prix, la 2 CV, est un grand succès : en quarante ans, 3 872 583 exemplaires vendus !

1981 – Le TGV (train à grande vitesse)
Le TGV est inauguré en 1981. Il peut rouler à 300 km/h. Le TGV réduit les distances : le 1 000 km entre Lille et Marseille en 4 h 30 ! Le TGV relie la France à d'autres pays européens : la Grande-Bretagne, la Belgique, les Pays-Bas, l'Italie.

Sciences

1974-1979 – La carte à puce
Le Français Roland Moreno a
le brevet de la carte à puce.
Avec sa mémoire intégrée,
la carte à puce a
beaucoup d'utilisations :
cartes téléphoniques,
cartes de crédit...

1 • Observez les timbres et répondez.

1. Ils illustrent :
   les problèmes de la société française ❏
   des produits (c'est de la publicité) ❏
   des progrès technologiques et sociaux ❏
2. Le document a :
   3 parties ❏   2 parties ❏   5 parties ❏
3. Les timbres illustrent des événements :
   de maintenant ❏   du futur ❏   du passé ❏

2 • Observez et lisez un timbre à la fois. Répondez.

Société

La machine à laver est une « libération » pour les femmes.
Pourquoi ?

Que sont d'après vous les congés payés ?
Le droit d'aller en vacances. ❏
Le droit de payer des vacances. ❏
Le droit à des vacances avec salaire. ❏

Transports

Est-ce que vous connaissez la 2 CV ? Est-ce que chez vous,
on a une voiture pas chère avec le même succès ?

Le TGV rend la France plus petite.
Pourquoi ?

Sciences

Dans votre vie quotidienne, quels objets ont une carte à puce ?

Le 20ᵉ siècle a aussi vu deux guerres mondiales avec des millions
de morts. Mais, en France comme ailleurs, les conditions
de la vie matérielle et sociale ont fait des progrès.

*Dans votre pays, quels progrès marquent aujourd'hui la vie
quotidienne ?*

Une clé... quoi ?

3 • **Écoutez et lisez.**

Lise	: – Alors, l'informatique, tonton ?
Oncle Jean	: – Oh, ça vient mais ce n'est pas facile.
Lise	: – Moi, je vais acheter une clé USB pour mon ordinateur.
Oncle Jean	: – Une clé… quoi ?
Lise	: – Une clé USB ? C'est comme une disquette.
Oncle Jean	: – Ah oui.
Lise	: – C'est en plastique, petit, plat… Ça a la forme d'un stylo, d'un porte-clés…
Oncle Jean	: – C'est un gadget, alors !
Lise	: – Mais non ! C'est très utile. On peut mettre plein de choses dedans.
Oncle Jean	: – Ah décidément, la technologie va vite !

*En hindi : « Une clé USB, c'est comme une disquette. »

4 • **Écoutez encore et répondez.**

1. Le sujet de la conversation est :
   la télévision ❑ l'informatique ❑
   la politique ❑
2. Lise parle :
   à son père ❑ à son oncle ❑
   à un ami ❑

5 • **Écoutez à nouveau. Cochez les bonnes réponses.**

1. Pour Lise, l'informatique est compliquée. ❑
2. Elle veut acheter une clé USB. ❑
3. Oncle Jean aussi a une clé USB. ❑
4. Lise décrit une clé USB à son oncle. ❑

Alors ?

- Pour décrire la forme de la clé USB, Lise dit : …
- Pour dire à quoi sert la clé, elle dit …
- Écoutez encore. Jouez la conversation à deux.

DES MOTS LES QUALITÉS DES CHOSES

6 • **À partir du tableau, cherchez le contraire de :**

1. petit : grand 3. lourd : …
2. court : … 4. bas : …

7 • **Décrivez les objets, d'après les indications.**

1. La chaise est … . (dimensions)
2. L'horloge est … . (dimensions)
3. La table est … . (forme)
4. Le canapé est … . (couleur)

1. 2.

3. 4.

On peut décrire un objet avec un adjectif :

les dimensions
grand, petit, long, court, large, haut, bas…

la forme
rond, carré, plat…

le poids
lourd, léger…

la couleur
blanc, noir, bleu, rouge, jaune, vert, rose, gris…

On peut aussi décrire un objet avec un nom :

la matière
plastique, pierre, papier, terre, verre, tissu, laine, cuir…

8 ● Complétez la liste avec l'adjectif de couleur correspondant.

1. Le drapeau français est bleu, …, … .
2. Le ciel avec des nuages est … .
3. Le maïs est … .
4. Le vin peut être … ou …, mais aussi rosé.

Le drapeau

Le ciel

Le maïs

Le vin

DES RÉPLIQUES — DÉCRIRE UN OBJET

COMMUNICATION

Pour décrire quelque chose, on peut dire :

– Des clés USB, c'est comment ?
– C'est en plastique, petit, plat.
– Ça a la forme d'un stylo, d'un porte-clés.

On peut aussi donner la fonction d'un objet :

Ça sert à enregistrer des fichiers.
C'est utile pour le travail.

On peut décrire par comparaison :

– Une clé USB, c'est comme une disquette, un CD, un portable, mais plus petit/plus grand…/ moins large, moins lourd…
– C'est différent/pareil/pas pareil.

9 ● Au marché. Le vendeur parle à un client étranger. Complétez la conversation avec les répliques à choisir.

> – Ronds et jaunes, assez gros.
> – *Yes*, pamplemousses, *grapefruit* !
> – *No*, *no*.
> – Des pamplemousses, alors !
> – Euh… Je cherche des euh… fruits euh… ronds.

Vendeur : – Vous désirez ?
Client : – …
Vendeur : – Ah !
Client : – …
Vendeur : – Des citrons ?
Client : –
Vendeur : – …
Client : – …

Quels adjectifs utilise le client pour décrire les pamplemousses ?

10 ● Ludovic demande à son grand-père un lecteur MP3, comme cadeau. Le grand-père ne connaît pas cet objet. Complétez la conversation, à partir des suggestions.

Grand-père : – Alors, qu'est-ce que tu veux comme cadeau d'anniversaire ?

Ludovic : – Un MP3, pépé.

Grand-père : – … ?

Ludovic : – … (baladeur à disque dur/fonction : enregistrer les chansons)

DES FORMES   **LE PRONOM ON**

11 • **Lisez les exemples et répondez.**

1. On parle français.
2. En France, on mange souvent du fromage à la fin du repas.
3. On va voir les grands-parents tous les dimanches.
4. On crie dans la rue. Tu entends ?
5. On invite Sami et Oriane, samedi ?

	OUI	NON
1. On veut toujours dire plusieurs personnes.	❑	❑
2. Avec on, les verbes sont au singulier.	❑	❑

GRAMMAIRE

On veut dire :
1. Moi et d'autres personnes
 On va au cinéma. (on = nous)

2. Un groupe, un ensemble de gens
 On parle français. (on = les vendeurs)
 On va voir les grands-parents tous les dimanches. (on = la famille)
 En France, on mange du fromage à la fin du repas. (on = beaucoup de Français)

3. Une personne non connue
 On crie. Tu entends ?

Avec on, les verbes sont au singulier.

12 • **Transformez les phrases : utilisez** on.

Exemple : *Nous allons* à Nice, dimanche.
 ➜   On va à Nice dimanche.

1. Mes copines et moi, nous faisons du sport, le week-end.
2. Ici, les vendeurs parlent espagnol.
3. Quelqu'un chante à côté.
4. Nous dansons, chéri ?
5. En province, les gens sont souvent moins stressés.

PLUS, MOINS

Pour décrire et pour comparer on peut utiliser **plus** et **moins** ; ils indiquent la quantité.
Exemple : C'est comme un aspirateur, mais plus petit, moins large…

13 • **Lisez les deux textes publicitaires et soulignez** *plus* **et** *moins*.
Puis répondez aux questions.

Le nouveau téléviseur
Inventa
est plus beau, plus élégant.

Son écran est plus large, les images plus claires…

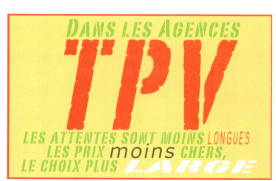

DANS LES AGENCES
TPV
LES ATTENTES SONT MOINS LONGUES
LES PRIX moins CHERS,
LE CHOIX PLUS LARGE

	OUI	NON
1. *Plus* et *moins* sont devant un nom.	❑	❑
2. *Plus* et *moins* sont devant un adjectif.	❑	❑

GRAMMAIRE

Plus et moins suivis d'un adjectif indiquent une quantité relative :

Le nouveau téléviseur... est plus beau, plus élégant... (par rapport aux autres modèles de téléviseur)

Dans les agences... les attentes sont moins longues, les prix moins chers... (par rapport aux autres agences)

14 • **Écrivez des phrases publicitaires avec** *plus* **et** *moins*, **à partir des suggestions.**

1. la télécommande *Harmonie*, pratique, légère
2. l'imprimante *Alba*, grande, silencieuse, rapide
3. la cafetière *CLM*, bruyante, petite

> **LE VERBE ALLER**

Vous connaissez certaines formes du verbe aller, comme :
Comment ça va ?
Je vais acheter une clé…

15 • **Lisez et prononcez le présent de** *aller*. **Répondez.**

CONJUGAISON

PRÉSENT : ALLER

Je vais au marché.
Tu vas où ?
Il/Elle va à Londres, mardi.
Nous allons au lycée.
Vous allez bien ?
Ils/Elles vont à la piscine.

IMPÉRATIF

Va au lit !
Allez, courage !

Va au lit !

Quelles sont les bases d'aller ? : 1. all-☐   2. va-☐   3. von-☐   4. v-☐ ?

Le verbe aller + infinitif peut aussi indiquer le futur :
Je vais partir en vacances, cet été.

16 • **Transformez les phrases : utilisez** *aller* **+ infinitif.**

Exemple : *J'ai* beaucoup de travail, cette année.
➡ *Je vais avoir* beaucoup de travail, cette année.

1. Il arrive bientôt.
2. Elle rentre tard.
3. Je fais un gâteau.
4. Vous êtes contents.
5. Nous avons un nouveau voisin.

DES SONS — LE SON [œ]

*Dans ordina**teur**, il y a le son [œ], comme dans s**œur**, act**eur**.*

17 • Écoutez et cochez les mots avec le son [œ].

1. ☐   4. ☐
2. ☐   5. ☐
3. ☐   6. ☐

18 • Écoutez et répétez.

1. Robert est vendeur chez Castorama.
2. « Qui vole un œuf, vole un bœuf » (proverbe)
3. Tu es seul à la maison ?
4. Les jeunes utilisent naturellement les nouvelles technologies.
5. Quel bonheur de vous voir !

Et maintenant, à vous !

19 • Imaginez et jouez les conversations.

A- Marc va offrir à ses parents un téléviseur. C'est un nouveau modèle, élégant, léger, l'écran est plat et plus large... (6 répliques)

Marc   : –...
Sa mère : – Un nouveau téléviseur ? Nous avons déjà un téléviseur !
Marc   : –...
Sa mère : –...
Marc   : –...
Sa mère : –...

B- Melina est polonaise. Elle ne trouve pas sa carte bancaire. Elle demande à Odile, sa colocataire, mais elle ne sait pas comment s'appelle cet objet. (Suggestions : petit, rectangulaire, plat/servir à payer.)

Melina : –...
Odile   : –... ?
Melina : –...
Odile   : –... ? (fonction de l'objet)
Mélina : –...
Odile   : –... !

Sushi, la console numérique

20 • **Écoutez et cochez la bonne réponse.**

1. C'est :
   une publicité ❏
   une information ❏
   une déclaration ❏

2. On parle :
   d'une voiture ❏
   d'un plat asiatique ❏
   d'une console de jeux ❏

21 • **Écoutez à nouveau, puis répondez.**

1. La console Sushi permet :

	VRAI	FAUX
d'écouter de la musique	❏	❏
d'imprimer des textes	❏	❏
de téléphoner	❏	❏
de filmer	❏	❏
de regarder des cassettes VHS	❏	❏
de regarder des DVD	❏	❏
de jouer aux jeux électroniques	❏	❏

2. Soulignez les adjectifs utilisés pour décrire la console.
   grande   ronde   petite
   carrée   plate   légère

3. Écoutez et complétez le slogan publicitaire.

**La console numérique,
Look élégant, ... Large, ... claires**

4. De quelles fêtes on parle, d'après vous ? Pourquoi ?
   14 juillet ❏
   Noël/Jour de l'An ❏
   Pâques ❏

5. Quel est le prix de la console portable ?
   203 euros ❏
   113 euros ❏
   313 euros ❏

DES LETTRES   EU/ŒU, AI/EI

ORTHOGRAPHE

En français, les lettres **eu** et **œu** notent le son **[œ]** : j**eu**ne, c**œu**r

La voyelle **è** note le son **[ɛ]** : lég**è**re (Voir unité 2, Les lettres)

La voyelle **ê** (avec un accent circonflexe) et les lettres **ai**, **ei** notent aussi le son **[ɛ]** : f**ê**te, pl**ai**re, tr**ei**ze

22 • **Écoutez et lisez. Complétez les mots avec eu ou œu, selon le cas.**

1. Coul...r   2. Aut...r   3. S...r
4. Bonh...r   5. P...r   6. ...f

23 • **Écoutez et lisez. Cochez le mot entendu.**

1. Pleur ❏   Plaire ❏
2. Heure ❏   Air ❏
3. Père ❏   Peur ❏
4. Gêne ❏   Jeune ❏

Le théâtre d'Orange en Provence

LE THÉÂTRE D'ORANGE

1 mur de scène
2 scène
3 hémicycle

Le théâtre d'Orange date de l'époque de l'empereur Auguste (début du 1er siècle). Ses dimensions sont très grandes : le mur de scène fait 37 mètres de haut, la scène en bois 65 mètres de large et dans l'hémicycle il y a 8000 places pour les spectateurs. Chaque année, en été, il y a un festival, *les Chorégies d'Orange* : on représente les grands opéras avec la participation des plus grands artistes. Le théâtre antique d'Orange fait partie du Patrimoine mondial de l'Unesco.

Un voyage au cœur de la romanité en Provence ! Une visite exceptionnelle pour toute la famille !

24 • Observez et lisez le document. Puis répondez.

1. Le document se trouve dans :
   un dépliant touristique ❏   une encyclopédie ❏   un manuel d'histoire ❏
2. Il s'adresse à :
   des étudiants ❏   des familles ❏   des personnes âgées ❏
3. La ville d'Orange se trouve dans quelle région ?

25 • Lisez le texte à nouveau. Répondez.

1 On décrit quelles parties du théâtre ?
   La façade ❏   Le mur ❏   L'entrée ❏
   La scène ❏   Les colonnes ❏   L'hémicycle ❏
2. La hauteur du mur est de : ...
3. La largeur de la scène est de : ...
4. Le nombre de places pour les spectateurs est de : ...

26 • Observez la forme du théâtre dans la photo.

Hémi, du grec, signifie : *moitié*.
1. Hémicycle signifie : ...
2. Qu'est-ce qu'on organise chaque année à Orange ?
3. Quel organisme protège le théâtre d'Orange ? L'U...
4. Les phrases publicitaires soulignent deux qualités du théâtre.
C'est comme un voyage ... .
La visite peut être intéressante pour ... .

Nous recherchons...

A.

On recherche **actrice 25/35 ans**, cheveux noirs ou châtains, robuste, plutôt grande pour rôle principal film dramatique. Envoyer CV + photos couleurs à <u>castexpress@yahoo.fr</u>

B.

Nous recherchons pour des rôles secondaires dans une fiction **deux jeunes hommes 15-21 ans**, sympathiques et vifs, plutôt grands, origine **Australie ou États-Unis**. Envoyer CV + photos à <u>loureve@tiscali.fr</u>

C.

On recherche un **modèle femme pour coiffeur**, tous types de cheveux (courts, longs, raides, frisés), de préférence 25-40 ans, bonne présentation. Envoyer photos à <u>boucles@libero.com</u>

27 • Lisez et répondez.

1. Les textes sont :
   des cartes postales ❏
   des petites annonces d'un magazine ❏
   des méls ❏

2. On recherche :
   des techniciens et des employés ❏
   des infirmiers et des médecins ❏
   des acteurs et des modèles ❏

3. À la fin de l'annonce, on donne :
   un numéro de téléphone ❏
   une adresse postale ❏
   une adresse électronique ❏

4. Pourquoi on écrit des petites annonces ?

COMMUNICATION
Pour décrire une personne, on peut donner :
la taille
Il/Elle est grand/e, petit/e, gros/se, maigre
les cheveux
Il/Elle est blond/e, brun/e, roux/rousse
Il/Elle a les cheveux blonds, noirs, roux...
les yeux
Il/Elle a les yeux verts, bleus, noirs...
un détail
Il/Elle porte des lunettes/est d'origine brésilienne/a une grosse moto/ travaille chez Ford...
le caractère
Il/elle est dynamique, vif/vive, intelligent/e, sensible...

28 • **Lisez à nouveau les annonces précédentes et complétez le tableau.**

	Annonce A	Annonce B	Annonce C
Description physique	grande	...	...
Caractère	...	...	...
Raison de l'annonce	...	...	...

DES FORMES   **DES YEUX ET DES CHEVEUX**

En français, les noms ont d'habitude le pluriel en s (Voir U. 3, Les lettres). **Il y a aussi quelques noms avec le pluriel en x.**

GRAMMAIRE
Voici des exemples :
le cheveu ➔ les cheveu**x**
l'œil ➔ les yeu**x**
le journal ➔ les journau**x**
le jeu ➔ les jeu**x**
le tableau ➔ les tableau**x**

29 • Mettez les mots en italique au pluriel.

1. Martin a acheté *un jeu* de société.
2. Vous apprenez *le tableau* par cœur.
3. Je ne trouve pas *le journal*.
4. J'ai trouvé *un cheveu blond* sur sa veste.

Et maintenant, à vous !

30 • **Écrivez des petites annonces à partir des suggestions.**

1. Acteur 25 ans, rôle secondaire/cheveux blonds, yeux clairs, taille moyenne, sportif, (menlau@tiscalo.fr)
2. Modèle homme pour coiffeur (linde@libero.fr)
3. Actrice, rôle principal, film romantique (Jop@freed.fr)

31 • **Vous voulez être acteur/actrice ou modèle pour coiffeur ? Écrivez une petite annonce pour vous décrire.**

Alors, votre français ?

COMMUNIQUER

À l'oral, je peux :
❏ décrire quelque chose

Une clé USB ?
C'est comme une disquette.

À l'écrit, je peux :
❏ écrire une petite annonce

On recherche actrice 25/35 ans,
cheveux noirs…

GRAMMAIRE

Je sais utiliser :

❏ le verbe
  Aller au présent

  Je vais au marché.

❏ la syntaxe
  Aller + infinitif

  Je vais partir en vacances.

❏ des noms avec
  le pluriel en x

  cheveu-x, jeu-x, œil-yeux,
  journal-aux, tableau-x

❏ le pronom *on*

  On parle espagnol
  On sort samedi ?

❏ les adverbes
Plus, moins

  Plus grand
  Moins lourd

NOTIONS ET LEXIQUE

Je sais utiliser
les mots concernant :
  ❏ la qualité des choses
• dimensions
  Grand, petit…
• forme
  Rond, carré…
• poids
  Lourd, léger
• couleur
  Blanc, noir…
• matière
  Plastique, verre…
• utilité
  Ça sert à…, C'est utile pour…

  ❏ la comparaison
  Différent, pareil, pas pareil
  C'est comme…

  ❏ la supériorité, l'infériorité
  Plus beau,
  moins large…

  ❏ la qualité des personnes
• taille
  Petit, grand, maigre, gros…
• cheveux
  Blond, brun, châtain,
• yeux
  Noir, vert …
• caractère
  Dynamique, sensible

Découvertes

Nouvelles du jour

1

Jeudi 21 octobre 2004

De 11 à 14 ans, 1 jeune sur 3 possède un téléphone portable

Symbole d'indépendance et de liberté, le portable a de plus en plus de succès chez les jeunes. Mais pour beaucoup, c'est surtout un gadget à la mode.

2

Vendredi 10 décembre 1999

Médecins Sans Frontières reçoit le prix Nobel de la paix

Fondée en 1969, l'organisation Médecins Sans Frontières est présente dans les situations de crise, quand les médecins et les hôpitaux d'un pays n'arrivent plus à s'occuper de la population : guerres, épidémies, catastrophes naturelles... Le prix Nobel de la paix, c'est la reconnaissance de l'action humanitaire des *French Doctors*.

3

Jeudi 7 mars 2002

« La Marseillaise » est de retour à l'école

Ce chant est, depuis 1795, l'hymne national de la France. Mais beaucoup de jeunes ne le connaissent pas. Le ministre de l'Éducation nationale vient de faire distribuer un livre et un CD sur *La Marseillaise* dans les écoles et les collèges.

FAUT-IL APPRENDRE LA MARSEILLAISE À L'ÉCOLE ?

■ oui 92 %
■ non 8 %

4

Samedi 21 janvier 1995

20 000 ans après, la Préhistoire renaît

La grotte Chauvet est une grotte préhistorique. Elle vient d'être découverte en Ardèche. Elle est exceptionnelle : elle comporte plus de 300 peintures.
Visite virtuelle sur le site :
www.culturegouv.fr/culture/arcnat/chauvet/fr/

1 • **Observez les documents et répondez.**

1. Il s'agit de :
   ❏ titres de romans
   ❏ titres de journaux
   ❏ listes de choses à faire
2. Ils ont la même date :
   ❏ Oui
   ❏ Non

2 • **Lisez une information à la fois et observez.**

Première information
1. L'information concerne :
   ❏ les adultes
   ❏ les femmes
   ❏ les adolescents
2. L'information concerne :
   ❏ l'ordinateur
   ❏ le portable
   ❏ la webcam
3. Pourquoi les jeunes veulent un portable ?

Deuxième information
4. Quel est le nom de l'organisation citée ?
5. Pourquoi le Prix Nobel de la paix à *MSF* ?

Troisième information
6. *La Marseillaise*, c'est ...
7. Que veut dire : « *La Marseillaise est **de retour** dans les écoles* » ?
Pourquoi cette action du ministère de l'Éducation ?

Quatrième information
8. Dans quelle région se trouve la grotte Chauvet ?
   Repérez le lieu sur la carte de France.
9. Les peintures de la grotte datent de quand ?
10. Pourquoi la grotte est importante ?

Voilà des sujets de presse destinés aux jeunes. Qu'en pensez-vous ? Et chez vous, il existe des journaux pour jeunes ?

Et ton week-end ?

3 • Écoutez et lisez.

A. *Lundi matin, au bureau, l'oncle de Lise, Jean, et André, son collègue.*

André : – Alors, le week-end ?
Jean : – Oh, comme d'habitude :
supermarché, lavage de la voiture,
télé… ah non…, dimanche,
bricolage de mon ordinateur !
André : – Toi, tu t'occupes d'informatique ?
Jean : – Oui, et on ne sourit pas, hein ! Hier,
j'ai installé une webcam et ensuite
un scanner.
Un peu difficile mais très réussi !
André : – On n'arrête pas le progrès !

B. *Lise et Agathe, à l'université de Marseille.*

Agathe : – Tu as passé un bon dimanche, Lise ?
Lise : – Oui, très bon. J'ai passé la journée
avec une copine, à Cassis.
Agathe : – Il faisait beau ?
Lise : – Un temps superbe ! On a mangé sur le
port. Et toi, qu'est-ce que tu as fait ?
Agathe : – Oh ! Rien de spécial. Cinéma avec
Grégoire.
Lise : – Déjà la routine ? Attention !

Pour raconter
quelque chose,
comment
vous dites ?

昨天
我安装了一台扫描仪。*

*En chinois : « Hier, j'ai installé un scanner. »

4 • Écoutez une conversation à la fois et répondez.

A.1. On parle :
du travail ❏
du week-end ❏
du temps ❏

2. Qui raconte ?
André ❏
Jean ❏

B. Agathe et Lise parlen[t]
des études ❏
des amis ❏
du dimanche ❏

5 • Écoutez à nouveau. Cochez les bonnes réponses.

A. 1. Le week-end, d'habitude, Jean va
au supermarché, lave sa voiture,
regarde la télé. ❏
2. André s'occupe d'informatique. ❏
3. Dimanche, Jean a installé
une webcam et un scanner. ❏
4. André se moque de Jean. ❏

B. 5. Lise a fait du sport. ❏
6. Lise a passé le dimanche à Cassis. ❏
7. Il faisait mauvais. ❏
8. Agathe a vu un film avec Lise. ❏

Alors ?

• **Pour raconter son week-end,
Jean dit :** …
• **Pour raconter son dimanche,
Lise dit :** …
• **Écoutez et jouez les conversations**

DES MOTS | EXPRIMER LE TEMPS

LEXIQUE
PASSÉ
Quand on raconte, on utilise des mots pour situer dans le passé : *hier, dimanche…*

Adverbe	**Adjectif**	**Locution**
Hier	**Dernier**	**Il y a**
hier matin, hier soir, hier après-midi…	vendredi dernier, la semaine dernière, l'année dernière…	il y a deux jours/une heure/ un mois/une semaine…

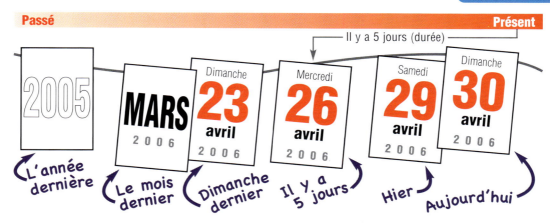

6 • **Lisez et choisissez le bon mot pour compléter la phrase.**

Aujourd'hui, on est le lundi 14 novembre 2009 :

1. donc le 13 novembre, c'est :
   il y a trois jours/hier/samedi dernier
2. donc le 13 novembre au soir, c'est :
   hier soir/dimanche matin/il y a deux jours
3. donc la semaine du 7 au 12 novembre, c'est :
   la semaine dernière/il y a quatre jours/hier

LA DATE

Pour donner la date, on dit :
Nous sommes le 14 mars.
On est le 2 janvier.

**Quand on écrit une carte postale,
une lettre, on indique la ville, puis la date
avec l'année.**
Lille, le 19 septembre 2008

Quelle est la date d'aujourd'hui ?

DES RÉPLIQUES — RACONTER

COMMUNICATION
**Quand on commence à raconter,
on peut dire :**

Samedi/dimanche dernier/hier,
il faisait beau. J'ai pris mon vélo
et...
L'année dernière, il y avait toujours
des orages. Alors, j'ai acheté un
grand parapluie.

**Pour raconter, on utilise
le passé composé.**

Hier, j'ai installé une webcam.

Dimanche, j'ai passé la journée
avec une copine.
On a mangé sur le port.

On peut aussi utiliser le présent.

Il était dans le métro, une jeune
femme crie. Il regarde et il voit
la porte à moitié ouverte...

7 • **Mettez les répliques de la conversation
dans l'ordre.**

– Ah, moi, j'ai fait le ménage. Puis, j'ai regardé un
match à la télé.
– Rien de spécial. J'ai invité Umar et Kheïla
et on a passé la soirée ensemble. Et toi ?
– Qu'est-ce que tu as fait hier ?

8 • **Complétez par** *être – décider – aller – arriver*
et jouez la conversation.

– Dimanche, il faisait chaud. Jean-Luc ... à la mai-
son et on ... de faire une balade en forêt.
– Et alors ?
– On ... au garage, la voiture n'... pas là.
– Non ! Qu'est-ce que tu as fait, alors ?
– J'ai téléphoné à la police.

DES FORMES

IL FAISAIT, IL Y AVAIT...

9 • **Soulignez les verbes en** *-ait* **et complétez le tableau avec** *y avoir,* *être, faire.*

1. Il y avait beaucoup de monde à la gare. Je prends mon billet de train et …
2. Dimanche, Luc était très préoccupé. Alors, on a parlé de ses problèmes.
3. Il faisait froid hier matin. J'ai mis mon manteau et je suis sorti.

Il y avait
…
…

GRAMMAIRE

**Les formes comme il faisait, il y avait, il était sont à l'imparfait, à la troisième personne du singulier.
Elles donnent la situation au début du récit.**

Il faisait froid dans la voiture.
J'allume le chauffage et je vois qu'il ne fonctionne pas.

Agnès était à la maison.
J'ai fait son numéro deux fois et la troisième fois, elle a répondu.

10 • **Complétez les phrases : introduisez le récit, d'après les indications.**

Exemple : (être, trois heures)… .
Il était trois heures. J'ai entendu un bruit dans l'escalier.

1. Dimanche, (faire beau)… . Je décide d'aller au jardin du Luxembourg.
2. Pascal (être) … très timide. Mais un jour, il a osé demander à sa collègue d'aller au cinéma.
3. Mardi dernier, Nathalie (avoir) … un rendez-vous chez le dentiste mais elle (être) … en retard. Elle a appelé la secrétaire pour prévenir de son retard.

UN PEU, BEAUCOUP, TROP, ASSEZ

Un peu, beaucoup, trop, assez indiquent la quantité.

11 • **Observez les phrases et répondez.**

1. Il travaille beaucoup, il est toujours fatigué.
2. Il a travaillé un peu, mais il doit encore finir.
3. Beaucoup de boutiques ferment le lundi matin.
4. Je voudrais encore un peu de café.

	OUI	NON
1. *Beaucoup* indique une grande quantité :	❏	❏
2. *Un peu* indique une petite quantité :	❏	❏
3. On utilise *beaucoup, un peu* : avec un nom	❏	❏
avec un verbe	❏	❏
4. On utilise *beaucoup de, un peu de* : avec un nom	❏	❏
avec un verbe	❏	❏
5. *Beaucoup* se trouve : avant le verbe	❏	❏
avant le nom	❏	❏

GRAMMAIRE

Beaucoup (de), un peu (de) expr=iment la quantité avec les noms et les verbes d'une manière objective.
Beaucoup indique une grande quantité. (++)
Il y a beaucoup de monde ici.

Un peu indique une quantité **inférieure.**
Je regarde un peu la télé.

**Mais on peut aussi exprimer la quantité d'une manière subjective.
On peut juger alors que les choses sont excessives** trop (de)
Benjamin parle trop.

ou suffisantes assez (de)
Il y a assez de lumière, ici.

12 • **Exprimer la quantité d'une manière objective : grande quantité (gq), petite quantité (pq).**

Exemple : Je mange ... de fruits. (gq)
➔ Je mange *beaucoup de* fruits.

1. Nous avons ... temps. (gq)
2. Pierre étudie .... . (gq)
3. J'achète ... pain. (pq)
4. On marche ... en ville. (pq)
5. Ils font ... cadeaux à Noël. (gq)
6. Il faut ... sel. (pq)

13 • **Exprimez la quantité excessive : (phrases 1, 2, 3) et la quantité suffisante (phrases 4, 5, 6).**

1. Les parents de Claire fument beaucoup.
2. Il reste encore un peu de temps.
3. Elle aime le chocolat.
4. Il a beaucoup de livres.
5. On a un peu d'argent pour le voyage.
6. Ils ont beaucoup de patience avec Élise.

TRÈS

GRAMMAIRE

Pour exprimer une grande quantité (+++) avec les adjectifs, on utilise très.
Je suis très heureuse.
Nous sommes très calmes, maintenant.

Très est toujours devant l'adjectif.

14 • **Transformez les phrases : exprimez une grande quantité avec les adjectifs.**

Exemple : Hisham a un bon niveau d'espagnol.
➔ Hisham a un *très* bon niveau d'espagnol.

1. Mon équipe de collaborateurs est dynamique.
2. Le matériel informatique est fragile.
3. L'avenue des Champs-Élysées est large.
4. Le temps est beau.
5. Nous avons un gros problème.
6. On a passé un bon dimanche.

LE VERBE VENIR

15 • **Lisez le tableau CONJUGAISON et répondez.**

CONJUGAISON
PRÉSENT : VENIR

Je viens seule ?
Tu viens quand ?
Il/Elle vient en train.
Nous venons dimanche.
Vous venez ?
Ils/Elles viennent ensemble.

IMPÉRATIF

Viens
Venez

La base de *viens* est *vien-*.
Quelles sont les autres bases de *venir* ?

GRAMMAIRE

Le verbe venir de + infinitif indique le passé récent.
Le ministre vient de limiter la vitesse sur l'autoroute.
(il y a quelques jours)

Je viens d'acheter des fleurs pour maman.
(il y a quelques instants)

16 • **Mettez les verbes au passé récent.**

Exemple : Je fais une promenade en ville.
➔ Je *viens* de faire une promenade en ville.

1. Elle arrive à Paris.
2. Nous rencontrons le directeur.
3. Ils rentrent du Canada.
4. On écoute la météo à la radio.
5. Vous téléphonez à Paul ?

DES SONS   LE SON [ø]

*Vous connaissez le son de **un peu** [ø]. Par rapport à [œ] (ordinateur, acteur), le son [ø] est plus fermé.*

17 • Écoutez et cochez le son [ø].

1. ❑ 2. ❑ 3. ❑ 4. ❑ 5. ❑ 6. ❑

18 • Écoutez et répétez.

1. C'est une très bonne chanteuse.
2. Les feux de forêt sont un danger en été.
3. Lise habite à deux pas d'ici.
4. Mathieu a passé l'examen de philosophie, il y a deux jours.
5. C'est l'heure de partir.
6. Trouver un travail, c'est un peu difficile pour un jeune.

19 • Écoutez et cochez le son [ø] ou [o], selon le cas.

	[ø]	[o]
1.	❑	❑
2.	❑	❑
3.	❑	❑
4.	❑	❑
5.	❑	❑

Et maintenant, à vous !

20 • D'après la situation, imaginez et jouez les conversations.

A- Nyamu est en vacances en Italie, dans les Alpes. Samedi, il fait une randonnée et il fait la connaissance d'une jeune femme italienne, Monica. Une semaine après, à Lyon, Nyamu raconte ses vacances à son ami Benoît.

Benoît	: – Alors, il faisait beau dans les Alpes ?
Nyamu	: – ...
Benoît	: – Qu'est-ce que tu as fait de beau ?
Nyamu	: – ...
Benoît	: – Pas trop fatigant, la randonnée ?
Nyamu	: – ...
Benoît	: – Ah oui ? Et comment elle est ?
Nyamu	: – ...

B- Émilie, 23 ans et une amie, Sylviane. Émilie était dans le train, à la gare de Montpellier. Elle regarde dehors et voit sur le quai une amie d'enfance. Elle crie « Martine !! », mais le train repart.
Pour raconter, utilisez le présent.

Émilie	: – ...
Sylviane	: – Et alors ?
Émilie	: – ...
Sylviane	: – Et après ?
Émilie	: – ...

Quels mots utilise Sylviane pour montrer son intérêt ?

C- Mathieu raconte à Amandine un fait : il était dans la rue et...
(5 ou 6 répliques)

Et la liberté avance vers nous !

Comprendre une description

Eugène DELACROIX, *La Liberté guidant le peuple*

La devise de la République française est « *Liberté, Égalité, Fraternité* ».

Quelle est la devise de votre pays ?

21 • **Écoutez et cochez la bonne réponse.**

1. Une personne parle, c'est :
   un présentateur radio ❑
   un guide d'un musée ❑
   un vendeur d'une boutique d'art ❑
2. On parle :
   d'une statue ❑ d'un dessin ❑ d'un tableau ❑
3. Le sujet représenté est :
   la bonté ❑   l'égalité ❑   la liberté ❑
4. L'œuvre :
   est moderne ❑
   a deux cents ans environ ❑
   date de l'époque de Charlemagne ❑
5. *Le droit de vote signifie* :
   le droit de choisir les représentants politiques du pays ❑
   le droit d'exprimer ses opinions ❑
   le droit à l'égalité pour tous ❑
6. *Supprimer la liberté de la presse signifie* :
   les journaux sont chers ❑
   l'État contrôle les informations des journaux ❑
   il n'y a pas de journaux ❑

22 • **Écoutez à nouveau. Cochez vrai ou faux.**

	VRAI	FAUX		VRAI	FAUX
1. *Guider* (guidant = elle guide) signifie « montrer le chemin ».	❑	❑	5. Il supprime des libertés fondamentales.	❑	❑
2. La date du tableau est 1930.	❑	❑	6. Le peuple fait une révolution.	❑	❑
3. Le roi s'appelle Charles X.	❑	❑	7. *La liberté* de Delacroix représente les valeurs de la France.	❑	❑
4. C'est un roi démocratique.	❑	❑	8. À côté de la liberté, il y a le roi et des princes.	❑	❑

DES LETTRES   **LES LETTRES EU, ŒU**

ORTHOGRAPHE

En français, les lettres eu et œu notent le son [œ] comme dans : p**eu**ple
(Voir p. 109, unité 7)

Elles notent aussi le son [ø], plus fermé, comme dans : **Eu**gène

23 • **Lisez et écoutez.**
Cochez le son [ø] ou [œ].

	[œ]	[ø]
1. Messieurs	❑	❑
2. Heure	❑	❑
3. Lieu	❑	❑
4. Peu	❑	❑
5. Directeur	❑	❑
6. Vœux	❑	❑

24 • **Relisez les mots et répondez.**

Les lettres *eu* et *œu* notent :

	OUI	NON
– le son [œ] : œuvre, quand la syllabe (prononcée) finit par une consonne.	❑	❑
– le son [ø] : Je peux, quand la syllabe (prononcée) finit par une voyelle.	❑	❑

25 • **Lisez à haute voix, puis écoutez l'enregistrement et vérifiez.**

1. Les jeux de société, tu aimes ?
2. Tu peux entrer.
3. Meilleurs vœux !
4. C'est malheureux !
5. Au feu !

Quel(le) **internaute** êtes-vous ?

Pour savoir comment vous surfez sur le web, faites ce test…

1. Votre adresse mél, ressemble à :
- 🟧 blancheneige@… / baobab@… / astérix@…
- 🟢 toutsavoir@… / biblioenligne@ / decouvrirlemonde@…
- 🔻 cherchecopains@… / jesuisympa@… / écrivezmoi@…

2. Vous créez votre site. C'est :
- 🟧 un blog avec beaucoup de photos et un *chat*
- 🟢 une encyclopédie en ligne
- 🔻 un jeu interactif

3. Pour vous, Internet est surtout une occasion :
- 🟧 de s'évader dans des mondes virtuels
- 🟢 de rencontrer des gens
- 🔻 de trouver des informations

4. Vous avez un message d'une personne inconnue.
- 🟧 Vous cliquez sur répondre et donnez rendez-vous sur un forum.
- 🟢 Vous voulez savoir où cette personne a trouvé votre adresse.
- 🔻 Vous répondez au message et vous racontez des choses inventées.

5. Votre activité préférée quand vous n'utilisez pas l'ordinateur, c'est :
- 🟧 lire
- 🟢 aller au cinéma
- 🔻 rencontrer des gens, discuter avec les amis au café

Solutions

Vous avez une majorité de 🟧
Vous êtes un-e internaute amical-e : pour vous, le web est une manière de rencontrer des gens.

Vous avez une majorité de 🟢
Vous êtes un-e internaute curieux-euse : vous aimez surfer pour chercher des informations sur vos sujets préférés.

Vous avez une majorité de 🔻
Vous êtes un-e internaute virtuel-le : pour vous, Internet est une manière de vivre des choses incroyables, d'inventer des personnages, de faire des expériences exceptionnelles.

26 • **Lisez le test et répondez.**

1. C'est un test pour des : ...

2. Ils voyagent :
   sur les étoiles ❏
   sur les planètes ❏
   sur Internet ❏

3. *Surfer* et *web* sont des mots du langage informatique.
   Selon vous, *Surfer sur le web* signifie ici :
   faire du sport (en simulation) ❏
   naviguer sur la toile ❏
   allumer l'ordinateur ❏

27 • **Lisez à nouveau le test et les réponses-type. Puis, cochez la bonne réponse.**

1. Dans la question 1, les adresses comme *blancheneige*... sont :
   sérieuses ❏   drôles ❏   objectives ❏

2. Dans la question 2, le besoin d'informer et de s'informer est clair :
   dans la première réponse ❏
   dans la deuxième réponse ❏
   dans la troisième réponse ❏

3. Dans la question 3, l'internaute qui aime beaucoup vivre avec les autres choisit la réponse :
   ◼ ❏   ● ❏   ▼ ❏

4. Selon vous, *s'évader* signifie ici :
   chercher plus de liberté ❏   rester ❏   faire des projets ❏

5. Dans la question 4, dans quelle réponse l'internaute utilise son imagination ?

6. Dans la question 5, qui aime beaucoup les loisirs ?
   L'internaute de :
   la première réponse ❏
   la deuxième réponse ❏
   la troisième réponse ❏

7. Dans les solutions, pour quel internaute Internet est l'occasion de faire des choses impossibles dans la réalité ?

28 • **Pour vous, Internet est un moyen :**
   de rapprocher les gens ❏
   d'accéder facilement à l'information ❏
   de s'évader ❏

29 • **Faites le test.**

Alors, quel(-le) internaute êtes-vous ?

Écrire des cartes
de vacances

Grosses bises de Bruges !

Montréal,
le 25 août 2006
Cher Simon,
Nous sommes au
Canada, à
Montréal. Le temps
n'est pas très beau.
Nous avons visité la
région. C'est super !
Bises.
Arthur et Béatrice

Simon Mercier
11 rue du Faure
9...

1

Bruges, le 11 juillet 2006
Salut Myriam !
Nous faisons du camping en
Belgique, à Bruges. Il fait
doux. Nous avons très bien
mangé et la ville est
magnifique. C'est extra !
On embrasse tout le monde.

Loïc et Nolwenn

Melle Myriam Goupil
40, avenue Victor Hugo
59000 Lille

2

30 • Lisez les textes et répondez.

Il s'agit :
de petites annonces ❏
de lettres de candidature ❏
de cartes postales de vacances ❏

31 • Repérez les parties des textes et complétez le tableau.

	Carte 1	Carte 2
Ville, date	...	Bruges, le 11 juillet 2006
Le lieu	Nous sommes au Canada	...
Le temps	...	...
Un fait raconté	...	...
Une appréciation	...	C'est extra !
Salutations de congé	Bises	...

EN SUISSE, AU MAROC ET EN BRETAGNE

Pour indiquer le pays, la région où l'on est et où l'on va, on dit : en Italie, aux États-Unis, en Normandie…

32 • Lisez et soulignez les expressions de lieu (avec un nom de pays/de région).

1. Je vais aller en Norvège, à Noël.
2. Trois jours au Maroc, c'est fabuleux !
3. Carine habite en Angleterre.
4. On est aux Antilles. C'est génial !

33 • Indiquez le pays, la région, d'après les indications.

1. Carlos habite .... (le Mexique).
2. Nous allons en vacances .... (la Provence).
3. Fred fait ses études .... (le Canada).
4. On va ... cet été ? (la Tunisie).
5. Sveta est ... en août. (les Baléares).

GRAMMAIRE

Pour résumer :

Le Chili ➔ au Chili
masculin singulier

Les Pays-Bas ➔ aux Pays-Bas
masculin pluriel

La Bulgarie ➔ en Bulgarie
féminin singulier

Les Seychelles ➔ aux Seychelles
féminin pluriel

Et maintenant, à vous !

34 • **Complétez la carte postale.**

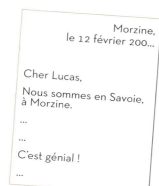

Morzine,
le 12 février 200...

Cher Lucas,

Nous sommes en Savoie,
à Morzine.

...

...

C'est génial !

...

Lucas Bazzoli

48, rue du parc

33 000 Bordeaux

35 • **Écrivez des cartes postales, à partir des suggestions.
N'oubliez pas le lieu, la date, l'année.**

1. Lieu : Saint-Gilles, en Vendée :
   Temps : beau, mauvais, chaud, froid...
   Faire des promenades sur la plage
   Appréciation
   Salutations de congé
2. Sandrine est à Dijon, en Bourgogne. Elle a fait la visite de la ville.
3. Vous êtes à...

Alors, votre français ?

COMMUNIQUER

À l'oral, je peux :
- ❏ situer un récit dans le temps   *Hier, j'ai installé une webcam...*
  et raconter un fait

À l'écrit, je peux :
- ❏ écrire une carte   *Nous sommes au Canada...*
  de vacances

GRAMMAIRE

Je sais utiliser :
- ❏ le verbe   *Je viens à midi.*
  venir au présent
- ❏ la syntaxe
  venir de + infinitif   *Je viens d'acheter des fleurs.*
- ❏ les prépositions
  à, au, aux   *À Rome, au Maroc*
  en   *en Espagne, aux Pays-Bas*
- ❏ les adverbes
  très, beaucoup,   *Très calme*
  une peu, trop, assez (de)   *Beaucoup de monde*

NOTIONS ET LEXIQUE

Je sais utiliser les mots concernant :
- ❏ le temps
Hier, jeudi dernier...
Il y a une semaine.
Lundi après-midi, soir, matin
Nous sommes le 12.
On est le 14 mars.

- ❏ la quantité
Un peu de café
Il travaille beaucoup.
Je suis très heureux.

- ❏ l'espace
En Suisse, aux États-Unis, au Chili,
en Bretagne...

PROJET MODULE 4

Réaliser un dépliant touristique

Vous allez réaliser un dépliant touristique de votre ville (ou région).

● **Formez des groupes. Cherchez sur Internet des sites de villes ou de régions françaises. Vous pouvez aussi rechercher des documents avec des informations touristiques à la médiathèque de votre institut de langues ou à la bibliothèque de votre ville.**

- Regardez comment elles sont présentées. Vous trouverez sur ces sites ou dans les documents :
  - des photos des lieux
  - une présentation avec des cartes
  - l'itinéraire conseillé pour la visite de la ville, avec l'indication des monuments et des lieux à voir
  - les manifestations et les fêtes (spectacles, expositions, carnaval...)

Exemple de maquette :

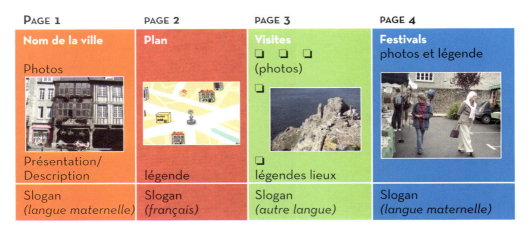

PAGE 1	PAGE 2	PAGE 3	PAGE 4
Nom de la ville	**Plan**	**Visites** ❏ ❏ ❏ (photos) ❏	**Festivals** photos et légende
Photos			
Présentation/ Description	légende	❏ légendes lieux	
Slogan *(langue maternelle)*	Slogan *(français)*	Slogan *(autre langue)*	Slogan *(langue maternelle)*

- Cherchez des images de votre ville (photos, cartes postales) ou prenez des photos de votre ville (lieux intéressants, monuments...). Cherchez un plan de la ville. Cherchez les lieux de visite.

● **Préparez le dépliant (voir maquette) avec : présentation/description rapide, photos (page 1), plan de la ville (p. 2), visites conseillées, photos et noms des lieux (p. 3), liste des manifestations avec photos, lieu, date (en langue maternelle, puis en français) (p. 4).**
Exemple (présentation/description) :
  - (Ville) est situé à l'ouest de ... / à 200 km de ...
  - C'est une grande/petite ville de ... habitants.
  - Vous allez découvrir ses quartiers modernes / son centre historiqu / ses maisons anciennes / sa cathédrale / sa place du marché / son artisanat / son musée d'art contemporain......

● **Inventez un slogan pour votre ville.**
Exemples : *Destination Auvergne, vous allez aimer !*
Histoire, tradition, modernité : découvrez Le Mans !

PRÉPARATION AU DELF A1

Production orale

Vous voudriez organiser une fête à la maison avec des collègues de travail. Vous parlez de ça avec votre femme/votre mari (= l'examinateur). Complétez la conversation.

Vous : – ...

Votre femme/mari : – C'est une bonne idée.

Vous : – ...

Votre femme/mari : – Oui, des quiches et des salades, c'est parfait ! Et comme boisson ?

Vous : – ....

Votre femme/mari : – Finalement, combien ils sont, tes collègues ?

Vous : – ....

Votre femme/mari : – Tu as pensé au jour ?

Vous : – ...

Votre femme/mari : – Samedi, c'est bien. Tout le monde est libre.

Vous : – ...

Votre femme/mari : – Inviter le directeur ? Non, c'est une soirée entre amis.

ÉVALUATION MODULE 4

DES CONVERSATIONS (5 points)

1 • Complétez la conversation à l'aide des répliques suivantes. *2 points*

> *Merci, combien ça fait ?*
> *Oui, c'est pour quoi ?*
> *Six euros dix-huit.*

– Bonjour, madame. Je cherche une pile toute petite, vous savez, ronde et plate.

– ...

– C'est pour ma montre.

– D'accord ! Voilà, jeune homme.

– ...

– ...

2 • Léa doit acheter un cadeau pour Thierry, son mari. Elle veut acheter une machine à café électrique. Elle pose des questions au vendeur. Complétez la conversation. *3 points*

Léa : – J'aime bien le modèle *Kimbao*. Par rapport aux autres, il est comment ?

Vendeur : – (coûter moins cher/plus petit)

Léa : – ...

Vendeur : – Ah ! Le café est excellent !

Vous avez : 5 points. Très bien !
Vous avez : moins de 3 points. Revoyez les pages 104 et 105 du livre.

DES FORMES (3 points)

3 • Exprimez la quantité objective ou subjective. *0,5 point*

1. Il y a du vent. *beaucoup (de) / un peu (de)*
2. Il marche tous les jours.
   beaucoup (de) / un peu (de)
3. Ton bébé pleure. *trop (de) / assez (de)*
4. Nous avons des problèmes.
   trop (de) / assez (de)

4 • Mettez les formes verbales au futur proche *(aller + infinitif)* **et au passé récent** *(venir de + infinitif).* *1,5 point*

1. Jérémie rencontre Gaël.
2. Tu choisis quelle langue ?
3. Nous regardons les informations.

5 • Exprimez une grande quantité avec *très.* *0,5 point*

1. C'est un bon prix.
2. Nous sommes contents.
3. Vous êtes gentilles avec nous.

6 • Transformez les phrases : utilisez *on.* *0,5 point*

1. Nous faisons une pause ?
2. Quelqu'un fait du bruit dans la cour.
3. Mes amis et moi, nous allons au stade dimanche.

Vous avez : 3 points. Très bien !
Vous avez : moins de 1,5 point. Revoyez les pages 106, 107, 118 et 119 du livre.

DES SONS ET DES LETTRES (3 points)

7 • Écoutez et cochez les mots avec les sons [œ], **comme** fleur **et** [ø], **comme** jeu, **selon le cas..** *1,5 point*

	[œ]	[ø]		[œ]	[ø]
1.	❏	❏	4.	❏	❏
2.	❏	❏	5.	❏	❏
3.	❏	❏	6.	❏	❏

8 • Écoutez et cochez les mots avec le son [ø]. *0,5 point*

1. ❏   2. ❏   3. ❏   4. ❏

9 • Écoutez et complétez les mots par *eu* **et** *œu,* **selon le cas.** *1 point*

1. Le c...r
2. L'act...r
3. Les Bl...s
4. L'...ro

Vous avez : 3 points. Très bien !
Vous avez : moins de 1,5 point. Revoyez les pages 108, 109, 120 et 121 du livre.

DE L'ÉCOUTE (3 points)

10 • Écoutez et répondez. *3 points*

1. C'est une annonce publicitaire pour une : ...
2. Ses qualités sont :
   1. *moderne*   2. ...   3. ...   4. ...
3. Son prix est de : ...
4. Elle est en vente chez les concessionnaires *Panhart* à partir du : ... .

Vous avez : 3 points. Très bien !
Vous avez : moins de 1,5 point. Revoyez la page 109 du livre.

11 • **Observez et lisez.** *3 points*

Auguste Bartholdi, sculpteur, est né en Alsace, à Colmar en 1834. Patriote et républicain, il ne supporte pas l'occupation allemande de l'Alsace, après la guerre de 1870. Alors il crée son œuvre, célèbre dans le monde entier : la statue de la Liberté.

Auguste Bartholdi a 36 ans. Il vient d'avoir une idée géniale : « Je vais construire une statue, symbole de la liberté. Et je vais offrir la statue aux États-Unis pour les cent ans de leur indépendance. ». Le travail est très long. En 1884, la statue est prête. Elle part dans 214 caisses vers New York. Quatre millions de personnes par an visitent aujourd'hui le monument du sculpteur français.

1. Auguste Bartholdi   *1,5 point*
Complétez la fiche.

1. Profession : ...
2. Année de naissance : ...
3. Région : ...
4. Œuvre célèbre : ...

2. La statue de la liberté   *1,5 point*
Répondez.

1. À quel pays il offre sa *Liberté* ?
2. Il finit sa statue quand ?
3. Combien de caisses il faut pour le transport ?
4. Où est la statue aujourd'hui ?

Vous avez : 3 points. Très bien !
Vous avez : moins de 1,5 point. Revoyez les pages 110 et 111 du livre.

12 • **Écrivez une petite annonce à partir des suggestions.**

Actrice/rôle principal film d'aventures/âge/ caractéristiques physiques (taille, cheveux, yeux)/caractère/CV + photos couleurs à plumc@libero.com

Vous avez : 3 points. Très bien !
Vous avez : moins de 1,5 point. Revoyez la page 112 du livre.

Évaluez-vous : comptez vos points !
Combien de points ?
Vous avez 10 points ? Vous pouvez faire mieux !

UTILISER UN DICTIONNAIRE MONOLINGUE

Conseils pour utiliser un dictionnaire

Un dictionnaire monolingue concerne une langue. C'est, par exemple, un dictionnaire en français. Le dictionnaire bilingue concerne deux langues, par exemple : français-espagnol.
Un dictionnaire donne beaucoup d'informations. Mais il faut bien trouver ces informations.

1 • **Lisez les articles du dictionnaire.**

> **événement** n.m. **1.** Fait, circonstance. *Un événement heureux*. **2.** Fait important. *Les élections sont un événement dans la vie d'un pays*.
>
> **silencieux, euse** adj. **1.** Qui garde le silence, qui est peu communicatif. *Rester silencieux* **2.** Qui se fait sans bruit. *Manifestation silencieuse*. **3.** Lieu où il n'y a pas de bruit. *Appartement calme et silencieux*. **4.** Qui fonctionne avec peu de bruit. *Avion silencieux*.
>
> (D'après *Le Petit Larousse*, 2002)

a • On donne des informations sur le mot.
   Notez l'abréviation à côté du mot correspondant.
   1. Nom masculin : …
   2. Adjectif : …

b • On donne des exemples.
   Notez deux exemples.

c • On classe les sens du mot.
   1. événement a :
      4 sens ❏   3 sens ❏   2 sens ❏
   2. On donne des équivalents.
      Quels noms peuvent remplacer *événement* ?

d • Le dictionnaire aide à écrire. Les deux séries de phrases suivantes sont équivalentes. Complétez par le mot équivalent.
   1. C'est une *circonstance* malheureuse.   C'est un … malheureux.
   2. La visite du président est *un fait important*. La visite du président est … .
   3. C'est une chambre *où il n'y a pas de bruit*.   C'est une chambre … .
   4. Le nouvel aspirateur *ne fait pas de bruit*.   Le nouvel aspirateur est … .
   5. C'est une marche *où les gens ne parlent pas*.   C'est une marche … .

▶ **Exercez-vous à utiliser votre dictionnaire.**
Par exemple, cherchez 2 ou 3 mots par jour. ◀

MODULE 5

Oui et non

CONTRAT D'APPRENTISSAGE

Le module 5 propose des activités pour apprendre à :

UNITÉ 9 Mais oui !	**UNITÉ 10** Mais non !
DES CONVERSATIONS	**DES CONVERSATIONS**
▶ **Donner son opinion, expliquer pourquoi**	▶ **Exprimer son accord, son désaccord**
DE L'ÉCOUTE	**DE L'ÉCOUTE**
▶ **Comprendre des informations à la radio**	▶ **Comprendre un message sur un répondeur**
DE LA LECTURE	**DE LA LECTURE**
▶ **Comprendre un texte informatif**	▶ **Comprendre un témoignage**
DES TEXTES	**DES TEXTES**
▶ **Écrire un mél pour protester**	▶ **Rédiger des petites annonces**

INTERACTION
RÉCEPTION ORALE
RÉCEPTION ÉCRITE
PRODUCTION ÉCRITE

Projet : élaborer un questionnaire

Mais oui !

Découvertes

La génération des 20-30 ans.

Autrefois en France comme dans d'autres pays, le père avait toute l'autorité dans la famille.

Après 1968, la société et la famille changent. Cela se voit à l'école, dans les relations entre les hommes et les femmes. Dans la famille, le père et la mère reçoivent des responsabilités égales : la loi du 4 juillet 1970 remplace la notion de « chef de famille » par l'autorité des deux parents.

Quarante ans après, voici l'opinion des jeunes sur l'éducation en famille :

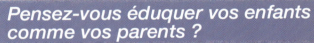
Pensez-vous éduquer vos enfants comme vos parents ?

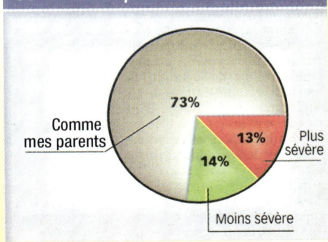

La Croix, 22-11-05

1 • **Observez le document et répondez.**

1. On parle des relations :
   - ❏ parents/enfants
   - ❏ employé/patron
   - ❏ État/citoyens
2. Les pourcentages (%) concernent :
   - ❏ le nombre d'enfants
   - ❏ l'autorité du père
   - ❏ l'éducation des enfants en famille
3. Les personnes interrogées sont :
   - ❏ des adolescents
   - ❏ des enfants
   - ❏ des jeunes adultes

2 • **Lisez la première partie et répondez.**

1. Quelle date marque de grands changements dans la société française ?
2. Dans la loi sur la famille, quels mots changent ?

3 • **Observez les pourcentages dans le cercle.**

1. *Éducation sévère* signifie :
   - ❏ les enfants peuvent tout faire
   - ❏ les parents donnent des principes, des règles aux enfants
   - ❏ les parents disent toujours non aux enfants
2. Combien de jeunes vont éduquer leurs enfants d'une manière différente (par rapport à leurs parents) ?
3. Combien de jeunes sont pour une éducation plus sévère ?
   .... %
4. Combien de jeunes sont pour une éducation moins sévère ?
   .... %
5. Par rapport aux parents, beaucoup de jeunes :
   - ❏ ont les mêmes idées sur l'éducation
   - ❏ ont des idées différentes
   - ❏ n'ont pas d'idées

Aujourd'hui, la génération des 20-30 ans reflète les changements de la société française, en ce qui concerne la famille.
La liberté individuelle devient une valeur pour les Français.

Qu'est-ce que vous pensez de... ?

> **Pour donner votre opinion, comment vous dites ?**

> Я думаю, что это важно*

4 • Écoutez et lisez.

Journaliste	: — Bonjour, madame. C'est pour la télévision. Qu'est-ce que vous pensez du service militaire ?
Madame A.	: — Moi, je pense que c'est utile. C'est une bonne expérience pour les jeunes !
Journaliste	: — Et vous, monsieur ? Le service militaire ?
Monsieur B.	: — Moi, euh…, je crois que c'est une occasion de connaître autre chose, voilà… sortir du quartier, de la famille, non ?
Journaliste	: — Et pour vous, monsieur, le service militaire est utile ?
Monsieur C.	: — Oh, écoutez, oui, peut-être : les jeunes apprennent à vivre ensemble, mais, bon…
Journaliste	: — Et vous, madame ?
Madame D.	: — Le service militaire, ah non, alors ! Mais le service civil, oui. À bas la guerre !

*En russe : « Je pense que c'est important. »

5 • Écoutez encore et répondez.

1. C'est :
   une conversation entre amis ❏
   un jeu télévisé ❏
   des interviews pour un sondage ❏

2. Combien de personnes répondent ?
   Trois personnes. ❏
   Cinq personnes. ❏
   Quatre personnes. ❏

3. On parle :
   de la guerre ❏
   de la paix ❏
   du service militaire ❏

6 • Écoutez à nouveau. Cochez vrai ou faux.

	VRAI	FAUX
1. Les personnes ont la même opinion.	❏	❏
2. Madame A. pense que c'est une expérience utile.	❏	❏
3. Pour monsieur B., c'est une manière de connaître des gens.	❏	❏
4. Pour monsieur C., le service militaire est inutile.	❏	❏
5. Madame D. trouve que le service civil est plus utile.	❏	❏

En France, le Service National (militaire et civil) n'est plus obligatoire, mais volontaire.

Et chez vous ?

Alors ?

• **Pour donner son opinion, madame A. dit :** *Moi, …(que)*

• **Pour donner son opinion, monsieur B. dit :** *Moi,…(que)*

• **Écoutez encore. Jouez la conversation à cinq.**

DES MOTS SOCIÉTÉ

Dans les sondages, on demande souvent aux gens de donner une opinion :

sur des questions de société

la vie politique
la vie sociale
l'économie
l'environnement ...

sur des questions morales

la liberté, l'égalité
la solidarité
la fraternité
la tolérance
la démocratie
la justice
la paix ...

7 • Reliez les mots à la définition correspondante.

1. La vie politique ●

2. La vie sociale ●

3. L'économie ●

4. L'environnement ●

● a. concerne les richesses et les dépenses d'un pays, mais aussi d'une personne, d'une famille.

● b. concerne l'exercice du pouvoir dans l'État.

● c. concerne la société, un ensemble de personnes.

● d. concerne le milieu où les hommes vivent (l'espace naturel, l'air, l'eau, la mer...).

8 • Choisissez le bon mot pour compléter les phrases.
Égalité, liberté, solidarité, tolérance, fraternité, démocratie, justice.

1. On parle de ... quand on peut exprimer une opinion devant tout le monde.
2. On parle de ... quand toutes les personnes, hommes et femmes, ont les mêmes droits.

3. On parle de ... quand le peuple exerce le pouvoir par l'élection de représentants (Parlement, Sénat, mairie, etc.).
4. On parle de ... quand on respecte le droit de tout le monde.

DES RÉPLIQUES DONNER SON OPINION

COMMUNICATION

Pour donner son opinion sur quelque chose, on peut dire :

Qu'est-ce que vous pensez du service militaire ?
Je pense que c'est utile

Et vous, monsieur ?
Je crois que c'est une occasion de...
C'est bien./Ce n'est pas bien.
Je ne sais pas.

Et on peut aussi expliquer pourquoi :

C'est inutile, parce que ça fait perdre du temps.
C'est une bonne expérience pour les jeunes.
Les jeunes apprennent à vivre ensemble...

9 • Olivier parle à sa femme : lisez et mettez les répliques dans l'ordre.

1. Entre collègues ! Je pense que ce n'est pas sympa.
2. Je suis désolé, mais c'est comme ça !
3. Je vais à un repas officiel entre collègues.
4. Lucie, je ne suis pas là samedi soir.
5. Quoi ? Où est-ce que tu vas ?

10 • Donnez votre opinion.

1. Journaliste : – Bonjour, monsieur. C'est pour un sondage. Qu'est-ce que vous pensez du permis de conduire gratuit ?
   Vous : – ...

2. Journaliste : – Pensez-vous que la solidarité est importante ?
   Vous : – ...

3. Journaliste : – Pensez-vous que c'est bien d'apprendre des langues étrangères toute sa vie ?
   Vous : – ...

DES FORMES **RÉPONDRE, PRENDRE**

Voici la conjugaison de verbes en **-re** : *répondre, vendre, entendre, perdre et prendre.*

CONJUGAISON

PRÉSENT : RÉPONDRE

Je réponds
Tu réponds
Il/Elle répond
Nous répondons
Vous répondez
Ils/Elles répondent

IMPÉRATIF

Réponds
Répondez

PARTICIPE PASSÉ

Répondu

11 • **Observez le tableau CONJUGAISON et répondez.**

1. Le verbe *répondre* a :
   deux bases ❏
   trois bases ❏
   une base ❏
2. Quelles formes ont le même son ?

12 • **Mettez les verbes au présent.**

1. J'... un bruit bizarre. (entendre)
2. Tu ... ta voiture ? Pourquoi ? (vendre)
3. Ils ... vite. (répondre)
4. Il ... ses opinions, c'est tout. (défendre)
5. Vous ne ... pas à la question. (répondre)

CONJUGAISON

PRENDRE (APPRENDRE, COMPRENDRE...)

PRÉSENT	**IMPÉRATIF**	**PARTICIPE PASSÉ**
Je prends	Prends	Pris
Tu prends	Prenez	
Il/Elle prend		
Nous prenons		
Vous prenez		
Ils/Elles prennent		

13 • **Observez le tableau CONJUGAISON et cochez les bases correctes.**

Il y a 3 bases dans *prendre* :
pr- ❏
prend- ❏
pre- ❏
pren- ❏
prenn- ❏

14 • **Mettez les verbes à la personne indiquée.**

1. Qu'est-ce que tu prends ? (vous)
2. Alors, qu'est-ce que vous avez appris à l'école, aujourd'hui ? (tu)
3. Je ne comprends pas. (on)
4. Pour la rue Saint-Antoine, vous prenez à gauche et puis à droite. (tu)
5. Elle comprend tout. (ils)

PARCE QUE, POURQUOI

15 • **Observez et lisez les phrases. Puis répondez.**

1. C'est inutile parce que ça fait perdre du temps.
2. On rentre parce qu'on est fatigué.
3. Je prends un parapluie parce qu'il pleut.
4. Pourquoi je crie ? Parce que tu ne m'écoutes pas !

On utilise *parce que* pour :
poser des questions   ❏
expliquer   ❏
indiquer une condition   ❏

> **GRAMMAIRE**
>
> **Pour donner des explications, on utilise parce que :**
>
> On respire mal, parce que la pollution de l'air augmente.

16 • **Reliez les deux phrases avec** *parce que*.

Exemple : J'apprends le chinois, je veux travailler en Chine.
➜ J'apprends le chinois parce que je veux travailler en Chine.

1 Je suis en retard, ma voiture est en panne.
2. Il fait froid ici, les fenêtres sont ouvertes.
3. Lire, c'est bien, on apprend beaucoup de choses.
4. Il faut partir tôt demain, il y a beaucoup de route à faire.
5. Tu fais une soirée, c'est ton anniversaire.

> **GRAMMAIRE**
>
> **Parfois avec parce que, on a une question avec pourquoi :**
>
> Pourquoi vous pensez que les gens achètent moins ?
> Parce que la vie est trop chère.

17 • **Posez des questions avec** *pourquoi* **et donnez des explications avec** *parce que*.

1. tu es triste/Gaston ne téléphone pas
2. il y a beaucoup de monde devant le musée/aujourd'hui, c'est gratis
3. ils ne viennent pas/ils sont en vacances
4. le vent est froid/il vient du nord
5. je reste ici/je suis bien

DES SONS

LE SON [S] ET LE SON [Z]

Dans la conversation p. 134, il y a des mots avec le son **[s]**, comme **s**ervi**c**e, en**s**emble, **s**ortir et des mots avec le son **[z]** : télévi**s**ion, occa**s**ion.

18 • **Écoutez et cochez** [s] **ou** [z].

	[s]	[z]
1.	❑	❑
2.	❑	❑
3.	❑	❑
4.	❑	❑
5.	❑	❑
6.	❑	❑

20 • **Écoutez et cochez** [z].

1. ❑	4. ❑
2. ❑	5. ❑
3. ❑	

19 • **Écoutez et répétez.**

1. C'est une expérience nécessaire.
2. Je voudrais dire quelque chose.
3. Tu as raison.
4. Nous sommes le quinze février.
5. Quelle est votre réponse ?
6. La connaissance des langues
   rapproche les gens.

Et maintenant, à vous !

21 • **Imaginez et jouez les conversations.**

A- Hélène fait un sondage sur le vote des immigrés aux élections municipales.
Imaginez les réponses des personnes.

Hélène   : – Est-ce que vous pensez que le vote des immigrés
                        aux élections municipales est une bonne chose ?
Philippe : – Je trouve que c'est bien...
Jeanne   : – ...
Kim   : – ...

B- En groupe, pensez à un sujet pour un sondage.
Préparez les questions et posez les questions à la classe.

Les infos de 15 heures

22 • Écoutez et répondez.

1. C'est :
   une interview ☐
   une information sur un sondage ☐
   une discussion entre hommes politiques ☐

2. Le sujet concerne :
   l'utilité des référendums ☐
   la suppression des référendums ☐
   l'organisation d'un référendum
   en particulier ☐

3. *Référendum* signifie que :
   tous les citoyens disent oui ou non
   à un projet de loi ☐
   les députés discutent une loi
   au Parlement ☐
   le président de la République
   signe une loi ☐

Le référendum est une forme de démocratie directe : tous les citoyens expriment leur opinion sur un problème, alors que les élus (députés, sénateurs) représentent les électeurs (démocratie indirecte).

Chez vous, est-ce qu'il y a des référendums ? Sur quels sujets ?

23 • Écoutez à nouveau et cochez vrai ou faux.

	VRAI	FAUX
1. On demande si les référendums sont une chose positive.	☐	☐
2. On parle de référendums sur le sport.	☐	☐
3. Beaucoup de personnes répondent oui.	☐	☐
4. 26 % des Français interrogés répondent : je ne sais pas.	☐	☐
5. Environ 30 % des Français interrogés pensent que ce n'est pas bien.	☐	☐

DES LETTRES   (S, C, Ç, SS, TI)

ORTHOGRAPHE
En français les lettres s, c (+i, e), ss, ti notent le son **[s]**.
que**s**tion, ré**c**ent, di**s**cu**ss**ion, po**ss**ibilité, pollu**ti**on

Il y a aussi ç (+o, a) comme :
Fran**ç**ais, **ç**a, gar**ç**on

24 • Écoutez et complétez les mots par *s, c, ss, ti.*

1. ...ent
2. So...iété
3. A...ocia...on
4. Apprenti...age
5. Organisa...on
6. Ju...ti...e

(S, Z)

25 • Écoutez et lisez. Observez la place de *s* **dans le mot et répondez.**

1. L'occasion
2. La télévision
3. La cause
4. La musique
5. Le laser

	OUI	NON
1. *S* prononcé [z] est devant une consonne.	☐	☐
2. *S* prononcé [z] est derrière une consonne.	☐	☐
3. *S* prononcé [z] est entre deux voyelles.	☐	☐

ORTHOGRAPHE
S note le son [z] quand il est entre deux voyelles :
rai**s**on, cho**s**e, cri**s**e
Z note toujours le son [z] :
bi**z**arre, quator**z**e

Pour discuter, les nouveaux cafés

Traditionnellement en France, le café (ou le bistrot) est aussi un lieu de discussion. Mais les temps changent. Les gens regardent la télévision, ils font du sport. Six mille cafés ferment par an (sur environ 60 000). Le problème est préoccupant surtout dans les villages, parce que les gens n'ont pas d'autre lieu de rencontre.

Depuis environ dix ans, il y a une nouvelle génération de cafés, plus adaptés à la société moderne : les bars à bières, à vins, les bars à karaoké, les cafés musique, les cafés philosophiques et les cybercafés. Il y a même une fédération nationale pour les bistrots des villages ; elle date de 2003.

26 • **Observez les photos et lisez le document. Répondez**

1. On parle :
   de travail ❏
   de lieux de rencontre ❏
   d'activités sportives ❏

2. *Bistrot* signifie :
   hôtel ❏   fête ❏   café ❏

3. Le café traditionnel est en crise.
   Pourquoi ?
   Les gens travaillent trop. ❏
   Ils regardent la télé. ❏
   Ils préfèrent la solitude. ❏
   Les gens font du sport. ❏

27 • **Lisez un paragraphe à la fois et répondez.**

1. Combien de cafés ferment par an ?

2. Pourquoi le problème est grave dans les villages ?

3. Vous aimez chanter, vous allez dans : ...

4. Vous aimez discuter sur des problèmes comme l'existence, l'univers, le savoir, vous allez dans : ...

5. Et pour les internautes, il y a : ...

6. *Fédération* signifie :
   centre ❏
   bureau ❏
   association ❏

   Une fédération est un bon signe pour la vie des bistrots ?

Chez vous, dans quels lieux publics se rencontrent les gens ?

Ce n'est pas sérieux !

28 • **Les consommateurs ne sont pas toujours contents. Lisez leurs méls aux services après-vente.**

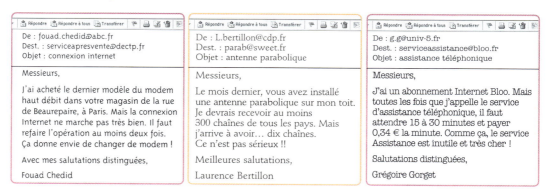

De : fouad.chedid@abc.fr
Dest. : serviceapresvente@dectp.fr
Objet : connexion internet

Messieurs,

J'ai acheté le dernier modèle du modem haut débit dans votre magasin de la rue de Beaurepaire, à Paris. Mais la connexion Internet ne marche pas très bien. Il faut refaire l'opération au moins deux fois. Ça donne envie de changer de modem !

Avec mes salutations distinguées,

Fouad Chedid

De : L.bertillon@cdp.fr
Dest. : parab@sweet.fr
Objet : antenne parabolique

Messieurs,

Le mois dernier, vous avez installé une antenne parabolique sur mon toit. Je devrais recevoir au moins 300 chaînes de tous les pays. Mais j'arrive à avoir… dix chaînes. Ce n'est pas sérieux !!

Meilleures salutations,

Laurence Bertillon

De : g.g@univ-5.fr
Dest. : serviceassistance@bloo.fr
Objet : assistance téléphonique

Messieurs,

J'ai un abonnement Internet Bloo. Mais toutes les fois que j'appelle le service d'assistance téléphonique, il faut attendre 15 à 30 minutes et payer 0,34 € la minute. Comme ça, le service Assistance est inutile et très cher !

Salutations distinguées,

Grégoire Gorget

29 • **Lisez à nouveau et complétez le tableau.**

	Lettre 1	Lettre 2	Lettre 3
1. Formule d'adresse	Messieurs	…	…
2. Expliquer le problème	…	Le mois dernier…	…
3. Exprimer l'insatisfaction, protester	…	…	Comme ça, le …
4. Salutations de congé	…	Meilleures salutations	…

DES FORMES — TOUT-E, TOUS, TOUTES

30 • **Lisez et écoutez les phrases. Soulignez les mots comme** *tout*. **Complétez le tableau de grammaire.**

1. Je vois les chaînes de tous les pays.
2. Tous les enfants du monde ont le droit de manger, je dis tous !
3. Je vais au cinéma toutes les semaines.

GRAMMAIRE

	Singulier	Pluriel
Masculin	tout	…
Féminin	toute	…

31 • **Écoutez à nouveau et cochez vrai ou faux.**

	VRAI	FAUX
1. On prononce *tous* [tu], quand *tous* est devant un nom.	❑	❑
On prononce *tous* [tus] quand *tous* est seul.	❑	❑

GRAMMAIRE
On prononce tous [tus] quand tous n'est pas devant un nom, mais seul. C'est un pronom.

Nous venons tous à la fête !

32 • **Complétez avec la forme correcte de** *tout*.

1. … les ans, je vais à la mer.
2. … les semaines, il y a une réunion avec le directeur.
3. Il travaille … le temps.
4. À Noël, … la ville est en fête.

GRAMMAIRE
Tous/toutes expriment aussi la répétition d'une action :

Il fait du sport tous les jours.
Je vais au cinéma toutes les semaines.

Et maintenant, à vous !

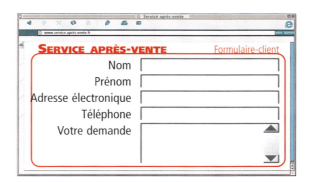

33 • **Vous n'êtes pas content. Écrivez au service après-vente de votre magasin, sur les sujets suivants.**

1. Sur votre ordinateur portable acheté il y a 3 semaines, le lecteur de DVD ne fonctionne pas.

> 1 Formule d'adresse : ...
> 2 Expliquer le problème : ...
> 3 Exprimer l'insatisfaction, protester : ...

2. Votre poste de télévision est en panne. Il y a 15 jours vous avez appelé pour avoir un technicien. Vous trouvez l'attente trop longue ...

3. Trouvez un autre sujet pour protester.

Alors, votre français ?

COMMUNIQUER

À l'oral, je peux :
- ❏ Donner mon opinion, expliquer pourquoi — *Je pense que c'est utile parce que....*

À l'écrit, je peux :
- ❏ Écrire un mél pour protester — *Messieurs, j'ai un abonnement Internet....*

GRAMMAIRE

Je sais utiliser :
- ❏ les verbes en –re (présent, impératif et participe passé), — *Je vends / Réponds*
  Prendre, impératif (présent et participe passé) — *Je prends / Prenez*
- ❏ *Pourquoi, parce que* — *- Pourquoi vous pensez que... ? / - Parce que la vie est chère.*
- ❏ Les adjectifs et les pronoms *tout/e, tous, toutes* — *Tout le monde / Nous venons tous.*

NOTIONS ET LEXIQUE

Je sais utiliser les mots concernant :
- ❏ la cause, la conséquence
On respire mal parce que la pollution est forte.
- ❏ le temps
Il fait du sport tous les jours.
Le mois dernier
- ❏ la vie sociale et l'actualité
La liberté, la tolérance, la solidarité...

Mais non !

Découvertes

De la ville à la campagne

Quarante-cinq millions de Français (sur 63) vivent dans une ville. Par exemple, il y a 2 millions d'habitants à Paris, mais 9 millions d'habitants en banlieue. Ces banlieusards travaillent au centre-ville et doivent souvent passer beaucoup de temps dans les transports en commun ou en voiture.

Les transports en commun sont efficaces (métro, trains régionaux, autobus, tramways…).

Mais aux heures de pointe (le matin et le soir), la durée des voyages augmente. Comme dans les grandes villes, la vie est très chère (en particulier les loyers des appartements) et stressante, beaucoup de gens décident d'aller vivre à la campagne.

(D'après Données INSEE)

De 1999 à 2004, cinq cent mille personnes ont quitté les villes. Fatiguées du bruit et de la pollution, elles décident de changer de vie et d'aller vivre au calme.

Sud-Ouest

Où est-ce qu'ils vont et qu'est-ce qu'ils font ?

Les gens s'installent alors surtout dans le Sud-Ouest et le Sud-Est, en particulier dans le Languedoc-Roussillon. Ils vont aussi dans le Limousin et en Auvergne, régions traditionnelles d'émigration : en 2004, dans ces régions, la population était en hausse.

Une bonne partie de ces nouveaux venus reprend des commerces ou travaille dans les services. Une petite partie seulement choisit l'agriculture.

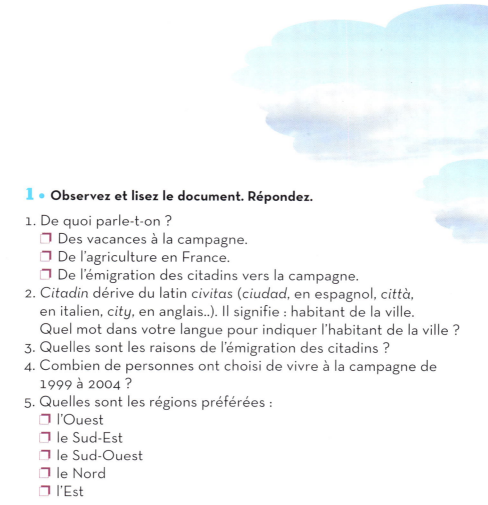

1 • **Observez et lisez le document. Répondez.**

1. De quoi parle-t-on ?
   ❐ Des vacances à la campagne.
   ❐ De l'agriculture en France.
   ❐ De l'émigration des citadins vers la campagne.
2. *Citadin* dérive du latin *civitas* (*ciudad,* en espagnol, *città,*
   en italien, *city,* en anglais..). Il signifie : habitant de la ville.
   Quel mot dans votre langue pour indiquer l'habitant de la ville ?
3. Quelles sont les raisons de l'émigration des citadins ?
4. Combien de personnes ont choisi de vivre à la campagne de
   1999 à 2004 ?
5. Quelles sont les régions préférées :
   ❐ l'Ouest
   ❐ le Sud-Est
   ❐ le Sud-Ouest
   ❐ le Nord
   ❐ l'Est

Est-ce qu'il y a le même phénomène dans votre pays ?
Qu'en pensez vous ?

Mais non, pas du tout

2 • **Écoutez et lisez :**

Journaliste : — Bienvenue à nos invités, madame Amblard, représentante du mouvement écologiste *Changeons d'air !* et monsieur Decroix, représentant de l'Association *Automobilistes de France*. Alors, notre débat, aujourd'hui : la circulation en ville.

Mme Amblard : — Bien, c'est simple. Comme tout le monde, nous voyons qu'il y a une circulation impossible dans les villes. Nous devons encore limiter l'utilisation de la voiture et favoriser les transports en commun et le vélo.

M. Decroix : — Oui, d'accord, mais ce n'est pas la seule solution. Le nombre de voitures en ville diminue. Et pour les banlieusards, la voiture est nécessaire !

Mme Amblard : — Écoutez, c'est possible, mais dans les villes, la pollution tue. Ça, c'est très grave. Il faut décider vite.

M. Decroix : — Oh ça, ce n'est pas vérifié scientifiquement, hein ! Il faudrait interdire complètement les voitures, alors ?

Mme Amblard : — Mais non, pas du tout ! On doit trouver un équilibre.

Pour exprimer son accord ou son désaccord, comment vous dites ?

Δεν συμφωνώ.*

*En grec : « Je ne suis pas d'accord. »

3 • **Écoutez encore et répondez.**
1. C'est :
   une conversation entre amis ❏
   un débat à la radio ❏
   un sondage d'opinion ❏
2. Le sujet est :
   le prix des voitures ❏
   les transports en commun ❏
   la circulation des voitures en ville ❏
3. Les invités sont :
   deux ❏   trois ❏   quatre ❏
4. *Écologiste* dérive de : ...

4 • **Écoutez à nouveau. Cochez les bonnes réponses.**

1. La représentante du mouvement écologiste trouve qu'il y a trop de voitures en ville. ❏
2. Le représentant des automobilistes dit que la voiture est nécessaire aux banlieusards. ❏
3. Pour madame Amblard, la pollution de l'air est très dangereuse. ❏
4. M. Decroix est d'accord avec Mme Amblard. ❏
5. Il faut une limitation de la circulation, selon madame Amblard. ❏

Alors ?
• **Pour exprimer :**
– **un accord partiel, on dit : ...**
– **un accord, on dit : ...**
– **un désaccord, on dit : ...**
• **Écoutez encore.**
  Jouez le débat à trois.

DES MOTS — VILLE ET CAMPAGNE

La ville
Le village
Le centre-ville
La banlieue
L'hôpital (m.)
L'immeuble (m.)
L'usine (f.)
L'entreprise (f.)

La campagne,
La nature
Le champ
La forêt
Le chemin
Le fleuve
La rivière
Le lac
L'océan (m.)
La mer
L'île (f.)
La plage

5 • Voici une liste des mots de notre environnement : la ville et la campagne. Lisez et répondez.

1. C'est plus petit qu'une ville, c'est : *le …*
2. C'est une société commerciale ou industrielle c'est : *une …*
3. C'est une habitation à étages, c'est : *l'…*
4. Le lieu où travaillent des médecins est : *l'…*

6 • Lisez les définitions et trouvez le nom correspondant : *océan, mer, lac, fleuve, rivière.*

Exemple : **mer** n. f. : Grande superficie d'eau salée. Elle entoure les continents.

1. … : Grande superficie d'eau à l'intérieur des terres.
2. … : Grand cours d'eau. Il se jette dans la mer.
3. … : Très grande superficie d'eau salée. Elle baigne une grande partie de la Terre.

7 • Observez les dessins et complétez avec le mot correct.

1. Un …   2. La …   3. L' …   4. La …

DES RÉPLIQUES — EXPRIMER SON ACCORD OU SON DÉSACCORD

Pour exprimer son accord, on dit :
– Je pense que la situation est délicate.
– Oui.
– Oui, c'est vrai.
– D'accord.
– Je suis d'accord.

Quand l'accord n'est pas total (partiel), on peut dire :
– Pour les banlieusards, la voiture est nécessaire.
– Écoutez, c'est possible.
– Peut-être.
– Si tu veux/Si vous voulez.

Pour exprimer son désaccord, on dit :
– Dans les villes, la pollution tue, c'est grave.
– Oh ça, ce n'est pas vrai/ce n'est pas vérifié.
– C'est faux !
– Mais non, pas du tout.
– Je ne suis pas d'accord.

8 • Complétez les conversations : exprimez votre accord total ou partiel.

1. – Je pense qu'il faut créer des crèches pour tous les bébés dans tous les quartiers.
   – …
2. – Je crois que les gens ne sont pas assez conscients des problèmes d'environnement.
   – …
3. – Le transport de marchandises par le train est une bonne solution.
   – …

9 • Complétez les conversations : exprimez votre désaccord.

1. – Dans notre société, l'égalité entre les personnes existe.
   – …
2. – Les jeunes au chômage n'ont pas envie de travailler.
   – …
3. – Les soldes sont une bonne occasion de faire des affaires.
   – …

DES FORMES   **DEVOIR**

Vous connaissez des formes du verbe **devoir** : *nous devons, je dois.* **Voici la conjugaison.**

CONJUGAISON

PRÉSENT : DEVOIR

Je dois
Tu dois
Il/Elle doit
Nous devons
Vous devez
Ils/Elles doivent

PARTICIPE PASSÉ :

Dû

10 • **Observez le tableau de conjugaison et répondez.**

1. Le présent de *devoir* a :
    2 bases ❏
    3 bases ❏
    4 bases ❏

2. Les bases du présent de *devoir* sont : *doi-* ...

11 • **Lisez les phrases et répondez.**

1. On doit limiter la consommation de pétrole.
2. Vous devez parler plus lentement.
3. Tu dois répondre à ma question.

Devoir exprime :
    la possibilité ❏
    la nécessité ❏
    la volonté ❏

GRAMMAIRE

Devoir exprime la nécessité, l'obligation, comme falloir (il faut) :
Tu dois réparer la télé.
Ils doivent envoyer des CV.

12 • **Transformez les phrases : remplacez** *falloir* **par** *devoir* **d'après les indications.**

Exemple : Il faut chercher des informations précises. (on)
   ➜ *On* doit chercher des informations précises.

1. Il faut acheter le journal. (nous)
2. Il faut financer la recherche. (l'État)
3. À la réunion de demain, il faut trouver un accord. (les participants)

POUR

13 • **Lisez et observez les phrases avec** *pour*, **puis complétez le tableau de grammaire.**

1. Voilà un bouquet pour toi, mon amour !
2. Adrien est parti hier pour le Paraguay.
3. L'express pour Montpellier est en retard.
4. Tu dois finir tout ça pour demain ?
5. Pour le président, l'année prochaine va être très positive.
6. Je suis pour la liberté de la presse.
7. Nous devons arriver pour 17 heures.
8. Pour vous, c'est juste, ça ?

GRAMMAIRE

Pour indique la destination, le destinataire :
Phrase n° 1, ...

Avec être, pour signifie être d'accord, être favorable :
Phrase n° ...

Pour signifie aussi :
selon/d'après vous, moi, Luc ...
Phrase n° ...

Pour indique le terme, le délai :
Phrase n° 4, ...

14 • **Remettez les mots dans l'ordre.**

1. Le, Beauvais, à 15 h 00, part, pour, train
2. devez, pour, Vous, présenter, votre demande, mardi
3. On, arriver, pour, doit, 19 h 00
4. pour, J', ai, raison, mon ami
5. sommes, pour, Nous, la paix
6. Je, un vol *Vitair*, pour, prends, Rome

CONTRE

15 • **Lisez les phrases et complétez le tableau de grammaire.**

1. La table est contre le mur.
2. Nous sommes contre la dernière décision de la direction.
3. Dans le métro, les voyageurs sont souvent serrés les uns contre les autres.
4. On est contre le travail de nuit.

GRAMMAIRE

Contre sert à indiquer le contact, la proximité d'un lieu ou d'une personne :
Phrases n° 1, ...

Avec être, contre signifie être opposé (à), ne pas être d'accord (sur) :
Phrases n°...

16 • **Remettez les mots dans l'ordre et complétez par :** *contre.*

Exemple : Il, la porte, était ➜ Il était contre la porte.

1. La voiture, un arbre, est allée
2. L'enfant, lance, le mur, la balle
3. Les chaises, la table, sont
4. Ils, sont, tous, sont, moi

17 • **Transformez les phrases et dites le contraire.**

Exemple : Je suis d'accord avec ta proposition.
➜ Je suis contre ta proposition.

1. Nous sommes d'accord sur la limitation des voitures.
2. Vous êtes pour l'augmentation des loyers.
3. On est pour la semaine de 4 jours.
4. Ton père est d'accord avec ta décision.

DES SONS — LE SON [o] et LE SON [ɔ]

Vous connaissez des mots avec le son [o], comme beaucoup, vélo et des mots avec le son [ɔ], comme transports, alors.

18 • **Écoutez et cochez le son [o] ou [ɔ].**

	[o]	[ɔ]
1.	❏	❏
2.	❏	❏
3.	❏	❏
4.	❏	❏
5.	❏	❏
6.	❏	❏

19 • **Écoutez et répétez.**

1. Je prends tous les jours le métro.
2. Un verre d'eau minérale, s'il vous plaît.
3. Le jaune est à la mode cette année.
4. Tu aimes écouter la radio ?
5. Nous allons trouver un accord.
6. Il faut réduire la pollution des fleuves.

20 • **Écoutez et cochez [o].**

	[o]
1.	❏
2.	❏
3.	❏
4.	❏
5.	❏

Et maintenant, à vous !

21 • **Imaginez et jouez les conversations.**

A- Le bar karaoké d'une petite ville est ouvert la nuit (de 22 h 00 à 3 h 00 du matin). Les habitants pensent qu'il faut protéger leur tranquillité. Imaginez la discussion.

Madame Vaissière : – C'est un bruit insupportable ! Je pense qu'il faut écrire une lettre au maire.

Monsieur Rageot : – … (exprimer son accord)

Monsieur Hainaut : – … (exprimer un accord partiel : informer aussi la presse)

Madame Contat : – … (exprimer son désaccord) Tout ça est inutile !

B- Trois amis discutent de l'augmentation de 100 % des amendes pour excès de vitesse. Imaginez la conversation (6 répliques minimum).

Alex : – … (Donner son opinion)

Amadou : – … (Exprimer un désaccord total)

Virginie : – …

Merci de laisser un message...

22 • Écoutez et répondez.

1. Il y a :
   trois enregistrements ❏
   deux enregistrements ❏
   un enregistrement ❏

2. C'est :
   un répondeur et un message téléphoniques ❏
   une question et une réponse dans un sondage ❏
   une information et un commentaire des informations à la télé ❏

3. Il y a :
   deux voix d'hommes ❏
   deux voix de femmes ❏
   une voix d'homme et une voix de femme ❏

23 • Écoutez à nouveau. Cochez vrai ou faux.

	VRAI	FAUX
Message 1		
1. Jean-Pierre est en Australie.	❏	❏
2. Il fait une excursion en pirogue.	❏	❏
3. Il veut être tranquille.	❏	❏
Message 2		
4. C'est un message d'Aude.	❏	❏
5. Elle annonce une mauvaise nouvelle.	❏	❏
6. Le référendum concerne la politique étrangère européenne.	❏	❏
7. Les résultats donnent 55 % de voix contre.	❏	❏
8. Le *oui* gagne.	❏	❏
9. Aude est triste.	❏	❏
10. Jean-Pierre doit appeler Aude demain.	❏	❏

DES LETTRES **LES LETTRES AU, EAU, O**

ORTHOGRAPHE

En français, les lettres **au**, **eau** notent le son [o] : **Au**de, **eau**
La lettre **o** note le son [o] : bient**ô**t ou le son [ɔ] : téléph**o**ne

24 • Écoutez et complétez les mots avec *au, eau, o,* **selon le cas.**

1. Amaz...nie
2. Pir...gue
3. ...tomobiliste
4. Métr...
5. ...jourd'hui
6. Vél...
7. Tabl...
8. Désacc...rd

ORTHOGRAPHE

La lettre **o** note :
– le son [o]. **C'est un son fermé. Il se trouve en syllabe ouverte** (= consonne + voyelle).
vé-**lo**, **mo**t

Dans les autres cas, la lettre o note :
– le son [ɔ]. **C'est un son plus ouvert.**
téléph**o**ne, trans**po**rt
c**omm**e, **donn**e (o + mm, nn)

25 • Lisez à nouveau les mots et complétez le tableau.

	au	**eau**	**o**
[o]	...	...	...
	...	...	
[ɔ]	...		Amazonie
			...
			...

Le bonheur est à la campagne

Le bonheur est à la campagne...

Alexis Dupuis, 35 ans, agriculteur à La Chapelle-Saint-Géraud, en Corrèze, 225 habitants.

Ingénieur agricole, Alexis travaille pendant sept ans à Lille, dans une grande entreprise d'alimentation. En 2004, il achète une petite ferme à côté de la ferme de ses parents. Il déclare : *« Je pensais m'installer plus tard, mais c'était une occasion ».*

Aujourd'hui, dans sa ferme, Alexis élève des vaches. Il vend sa production directement aux grands distributeurs. Les conditions de vie d'Alexis sont meilleures *« Maintenant, je vois mes enfants dix fois par jour. En plus, je suis moins stressé. Je ne regrette pas la ville. »*

26 • Observez les photos, lisez le document et répondez.

1. On parle :
   d'un village ❏   d'une entreprise ❏   d'un homme ❏
2. Le personnage s'appelle … ; âge : … ; profession : …
3. Avant, il était … dans une grande ville : ….
4. La ferme est :
   un immeuble en ville   ❏
   une maison de vacances   ❏
   une maison à la campagne   ❏

27 • Lisez à nouveau et complétez.

1. Alexis a acheté une ferme à côté de la ferme de ses : …
2. L'achat de sa ferme était une : …
3. Son travail est l'élevage de : …
4. Il vend ses bêtes aux : …
5. Il est plus content de sa vie. Par exemple, il voit ses … souvent dans la journée et il est moins …. .

28 • Lisez et répondez.

1. *Distribuer* = faire arriver un produit, un article, le courrier en plusieurs lieux.
   La grande distribution = supermarchés et grands centres commerciaux.
   Les grands distributeurs = les entreprises qui…
2. *Le regret* est le désir de quelque chose du passé.
   Que signifie alors : *Je ne regrette pas la ville* ?

29 • Cochez oui ou non.

La vie d'Alexis est meilleure parce que :

	OUI	NON
1. Il gagne plus d'argent.	❏	❏
2. Il va mieux.	❏	❏
3. Il consacre plus de temps à la famille.	❏	❏
4. Il fait une carrière brillante.	❏	❏

30 • Pour vous, le bonheur est :

à la campagne   ❏
en ville   ❏
Pourquoi ?

Alors ?
Les citadins vont vivre à la campagne, vous êtes étonné(e) ?
Vous êtes pour ou contre la ville ?

Belle maison ancienne...

A. Aquitaine – À 12 km de Sarlat, dans la vallée de la Dordogne, superbe **maison typique** de 150 m². Au rez-de-chaussée, cuisine, salle à manger, grand séjour. À l'étage, 2 chambres, salle de bains et toilettes. Terrain avec arbres 2 500 m². Réf. 387
Prix : 200 000 euros

B. Languedoc-Roussillon – Proche de Barjac, dans un superbe environnement, belle **maison ancienne** de 160 m², en pierre, avec vue exceptionnelle. Au rez-de-chaussée, séjour, grande cuisine, bureau, toilettes. À l'étage, 3 chambres, salle de bains, toilettes. Terrain 3 000 m². Réf. : 762
Prix : 225 000 euros

31 • **Lisez les textes et répondez.**

1. Les textes sont :
   des publicités ❏
   des annonces de vente ❏
   des annonces de location ❏

2. On mentionne quelles régions ? Cherchez ces régions sur une carte de France.

32 • **Complétez le tableau.**

	Annonce A	Annonce B
Région	*Aquitaine*	... ...
Lieu	*à 12 km de*	... ...
Type d'habitation	... ...	*maison ancienne*
Qualités	*superbe*	*belle, en ... avec ...*
Superficie	*150 m²*	... ...
Pièces	... ...	... ...
Terrain	... ...	... ...
Prix	... ...	... ...

DES FORMES   **ALLER VIVRE, VENIR TRAVAILLER**

33 • **Lisez et observez les phrases. Répondez.**

1. Je vais vivre à la campagne.
2. Il vient travailler à la ferme.
3. Il sort acheter le journal.

	OUI	NON
1. Après les verbes de mouvement (aller, sortir...), il y a un nom.	❏	❏
2. Après les verbes de mouvement, il y a un infinitif.	❏	❏

34 • **Transformez les phrases : utilisez un verbe de mouvement, d'après les suggestions.**

Exemple : Je vis en banlieue (aller, vivre) ➜ Je *vais vivre* en banlieue.

1. Il travaille chez Renault maintenant. (aller, travailler)
2. Nous déjeunons à 13 h 00. (rentrer, déjeuner)
3. Ils réparent le toit. (venir, réparer)
4. Tu cherches ton CD dans la boutique ? (entrer, chercher)

VIVRE

35 • **Observez le tableau de conjugaison et répondez.**

1. Les bases du présent de *vivre* sont :
v- ❏ vi- ❏ vive- ❏ viv- ❏

2. Les formes avec le même son sont : ...

36 • **Complétez avec** *vivre.*

1. Mes parents ... en province.
2. Où est allé ... Clément ?
3. Nous ... de notre travail.
4. Fabienne ... à la campagne.
5. Vous ... où, monsieur ?

Et maintenant, à vous !

37 • **Rédigez les annonces de vente, d'après les modèles de petites annonces p. 154.**

1. Petite maison ancienne, proche de Toulouse, dans la région Midi-Pyrénées, prix 120 000 euros.
2. Appartement, 2 pièces, proche de Périgueux, dans la région Aquitaine, prix 100 000 euros.

38 • **Écrivez les méls, à partir des situations.**

1. Paul Deleuvre, informaticien à Paris, a décidé d'aller vivre à la campagne. Il vient de trouver la maison de ses rêves. Il est heureux.
Il écrit un mél à son ami Laurent pour décrire sa maison.

De : laurent@freze.fr
À : pdeleuvre@nœuf.fr
Objet : ...

...
Comme tu sais, j'ai décidé...

2. Martine Dumas, ancienne directrice d'un supermarché de Caen, vit maintenant à Gasques (200 habitants), à 1 heure de Toulouse. Elle élève des poules et des canards. Elle écrit à son amie suédoise Katja pour raconter sa nouvelle vie.

De : katja@taol.fr
À : mdumas@whanadoo.fr
Objet : ...

...
C'est fait ! J'ai quitté Lille et je...

Alors, votre français ?

COMMUNIQUER

À l'oral, je peux :
- ❏ exprimer mon accord, mon désaccord — *Oui, c'est vrai.* / *Je ne suis pas d'accord !*

À l'écrit, je peux :
- ❏ écrire une petite annonce (immobilière) — *À 20 minutes d'Aurillac...* / *maison de 100 m²...*

GRAMMAIRE

Je sais utiliser :
- ❏ les verbes
  devoir (présent et participe passé) — *Je dois rentrer.*
  vivre (présent) — *Vous vivez où ?*
- ❏ la syntaxe :
  Être pour/contre — *Je suis pour.* / *Vous êtes contre.*
- ❏ *Aller* + infinitif — *Je vais travailler à l'usine.*
- ❏ *Venir* + infinitif — *Il vient vivre à la campagne.*

NOTIONS ET LEXIQUE

Je sais utiliser les mots concernant :
- ❏ l'espace
  La table est contre le mur.
- ❏ le temps
  C'est pour demain.
- ❏ l'existence
  Nous vivons ici.
- ❏ l'urbanisme, la ville, la campagne
  La ville, le village, la banlieue...
  le champ, la forêt...

Réaliser un questionnaire

Vous allez organiser des soirées DVD consacrées au cinéma français et francophone.

Pour savoir quels films proposer :
– vous allez faire une enquête dans la classe sur les goûts cinématographiques, à l'aide d'un questionnaire
– vous analysez les résultats
– vous proposez des films à la classe
– vous choisissez les films préférés (3 films)
– les groupes regardent les films
– à la fin, en classe, chaque groupe présente une fiche d'évaluation des 3 films.

Formez des groupes (de 4 ou 5). Rédigez les questions (au moins 5) à proposer à la classe sur :
– le genre de film (comédie, science-fiction, aventures...)
– en langue maternelle, en version originale avec sous-titres
– acteurs/actrices préférés
– film récent, film classique
– produit en Afrique francophone/en Belgique/au Canada /en France/en Suisse

En grand groupe, choisissez les meilleures questions. Distribuez le questionnaire à la classe.

Analysez les réponses ensemble.
• Cherchez sur Internet (par exemple : le site Amazon.fr), à la médiathèque du Centre culturel français ou de votre établissement, trois films correspondant aux choix de la classe.
Par exemple :
La Reine Margot, Cyrano de Bergerac, Le Fabuleux Destin d'Amélie Poulain, 8 femmes ou *La Marche de l'Empereur*

Ensemble, vous préparez les calendriers des soirées DVD pour chaque groupe (jour et lieu).

Chaque groupe prépare la fiche d'évaluation des films, notée de 1 à 10, avec des entrées comme :

	Film 1 (titre)	Film 2 (titre)	Film 3 (titre
Histoire			
Images/Tournage			
Acteurs			
...			

Si vous le voulez, vous pouvez revoir le meilleur film tous ensemble.

Production écrite

DÉCRIRE DES ÉVÉNEMENTS, DES EXPÉRIENCES PERSONNELLES

Complétez la carte postale, d'après les suggestions.
Antoine et Julie sont en vacances à Sestrières, dans les Alpes italiennes. Ils écrivent une carte aux parents de Julie. Ils parlent du temps, de la station de ski, de leur journée à la montagne.

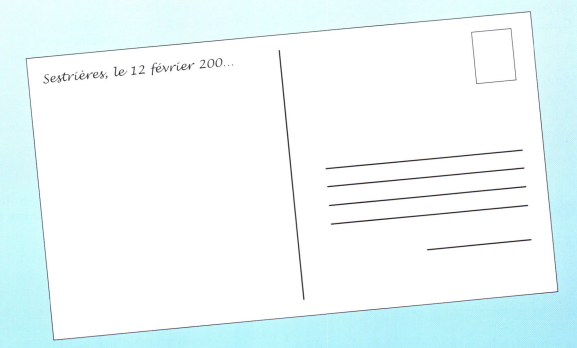

Sestrières, le 12 février 200…

ÉVALUATION MODULE 5

DES CONVERSATIONS (5 points)

1 • **Lisez et complétez le débat, à l'aide des répliques suivantes.** *2 points*

> – Monsieur Angot, vous ne dites pas toute la vérité ! Les premières victimes du chômage, ce sont les jeunes des banlieues, voilà. Le problème est très grave.
>
> – Mais non voyons, c'est faux ! Le chômage est à 9 % maintenant et la tendance est à la baisse, non ?

M. Ventura : – Je pense que le chômage est « le » problème de la France. Il touche 10 % de la population. Et pour les Français d'origine étrangère, on arrive à 25 %.
M. Angot : –...
M. Ventura : –...
M. Angot : – Je ne suis pas d'accord, monsieur ! Le chômage, c'est la priorité du gouvernement et on commence à bien voir les résultats, résultats positifs, p-o-s-i-t-i-fs.

2 • Xavier et Adeline travaillent dans un bureau à Marseille. La direction propose de commencer le travail plus tôt. Xavier et Adeline ne sont pas du même avis.
Complétez les répliques. *3 points*

Xavier : – Avancer l'horaire d'une heure, c'est bien ! Je ... !
Adeline : – Moi, je ne ... ! Je ...
Xavier : –...
Adeline : –...

Vous avez : 5 points. Très bien !
Vous avez : moins de 3 points. Revoyez les pages 134, 135, 146 et 147 du livre.

DES FORMES (3 points)

3 • **Mettez les verbes indiqués au présent.** *1 point*
1. Tu as raison, ... (comprendre, je)
2. Le téléphone sonne, ...? (répondre, tu)
3. ... les intérêts de l'entreprise. (défendre, nous)
4. ... le premier train et on arrive. (prendre, on)

4 • **Mettez le verbe** *devoir* **à la place de** *il faut.*
1. Il faut signer le contrat de vente. (nous) *1 point*
2. Il faut prévenir le directeur. (je)
3. Il faut finir avant midi. (vous)
4. Il faut faire la déclaration d'impôts. (on)

5 • **Inventez des questions et les explications (***pourquoi, parce que***) à partir des suggestions.** *1 point*

1. l'avion est en retard/la neige encombre les pistes
2. vous arrivez si tard/la circulation est bloquée
3. tu n'allumes pas la télé/il n'y a rien à regarder
4. vous lisez les petites annonces/on doit acheter une maison

Vous avez : 3 points. Très bien !
Vous avez : moins de 1,5 point. Revoyez les pages 136 et 137 du livre.

DES SONS ET DES LETTRES (3 points)

6 • **Écoutez et cochez** [s] **ou** [z]. *1 point*

	[s]	[z]		[s]	[z]
1.	❏	❏	3.	❏	❏
2.	❏	❏	4.	❏	❏

7 • **Écoutez et complétez les mots par** *c, s, z, ti,* **selon le cas.** *1 point*
1. Les vacan...es
2. La démocra...e
3. La répon...e
4. Le dé...accord

8 • **Écoutez et complétez les mots par** *au, eau, o,* **selon le cas.** *1 point*
1. C'est l'h...mme de ma vie !
2. Il y a b...coup d'arbres ici.
3. Les ...tomobilistes protestent.
4. Il est enc...re temps.

Vous avez : 3 points. Très bien !
Vous avez : moins de 1,5 point. Revoyez les pages 138, 139, 150 et 151 du livre.

DE L'ÉCOUTE (3 points)

9 • **Écoutez le répondeur de Philippe Andréani et cochez vrai ou faux.**

	VRAI	FAUX
1 – Martial achète une maison.	❏	❏
2 – Le voisin de Martial vend sa ferme.	❏	❏
3 – Il y a 10 000 mètres de terrain.	❏	❏
4 – Le prix est de 120 000 euros.	❏	❏
5 – Philippe doit envoyer un mél au propriétaire de la ferme.	❏	❏

10 • **Le numéro de téléphone de monsieur Sarête est le : ...**

Vous avez : 3 points. Très bien !
Vous avez : moins de 1,5 point. Revoyez la page 151 du livre.

DE LA LECTURE (3 points)

11 • Lisez et répondez. *3 points*

Le tramway de retour

Avec le prix élevé du pétrole et la pollu-tion des villes, le tramway revient. Dans les années 1980 et 1990, des villes comme Nantes, Strasbourg, Nancy, Nice ou Rouen choisissent le tramway pour moderniser leurs transports. Lyon et Mar-seille sont pour le métro, et la tendance continue : en 2006, Paris construit de nou-velles lignes de tramway. Elles font le tour de la capitale et relient les banlieues.

1. Pourquoi le tramway est de retour ?
2. Quand est-ce qu'il y a le boom du tramway ?
3. Donnez le nom d'une ville avec le tramway.
4. Quelles villes choisissent le métro ?
5. Quand est-ce que Paris construit son nouveau tramway ?
6. Où sont les nouvelles lignes de tram à Paris ?

Vous avez : 3 points. Très bien !
Vous avez : moins de 1,5 point. Revoyez les pages 152 et 153 du livre.

DES TEXTES (3 points)

12 • Cédric et Sabine Luong passent quinze jours dans le village de Crépon, en Normandie, à 10 km de la mer, chez des amis. Ils écrivent une carte postale à la mère de Cédric. Ils trouvent le lieu très sympa. Complétez la carte.

> *Lieu, date*
> *Chère maman,*
> *Nous sommes...*
> *Le lieu...*
> *La maison de Claire et Richard...*
> *Et toi, comment... ?*
> *...*
>
> *(Signature)*

Vous avez : 3 points. Très bien !
Vous avez : moins de 1,5 point. Revoyez les pages 154 et 155 du livre.

Évaluez-vous : comptez vos points !
Combien de points vous avez ?
Il faut réviser là où vous êtes faible.

DEVINEZ LE SENS DES MOTS !

On utilise différents moyens pour comprendre un texte.

Pour connaître vos stratégies, pour comprendre les mots dans un texte, faites ce test.

A • Quand vous ne comprenez pas les mots d'un texte :

1. vous observez l'ensemble du texte (le titre, les illustrations...) et vous essayez de deviner le sens général ❏

2. vous utilisez les mots déjà compris pour essayer de comprendre les mots difficiles ❏

3. vous cherchez tout de suite les mots dans le dictionnaire ❏

4. vous continuez à lire ❏

B • S'il faut comprendre des mots de manière précise :

1. vous demandez de l'aide au professeur, à un camarade... ❏

2. vous soulignez les mots et vous consultez le dictionnaire à la fin de la lecture ❏

▶ Quand on apprend, on a le droit à l'approximation : on peut faire des hypothèses sur le sens d'un mot ou d'une phrase. C'est une bonne manière d'utiliser son expérience et ses connaissances. ◀

Alors ? vos résultats ?

Questions A : 1, 2, 4 et B : 2
Excellent.
Vos stratégies sont efficaces.
Continuez !

Questions A : 3 et B : 1
Attention !
L'objectif est de comprendre
le sens général du texte.

D'un regard à l'autre

★ Les cultures sont faites pour dialoguer.
Le musée du quai Branly ouvre le 23 juin 2006.

www.quaibranly.fr

Au cœur de 3 villes francophones

Montréal

Bruxelles

Paris

MONTRÉAL

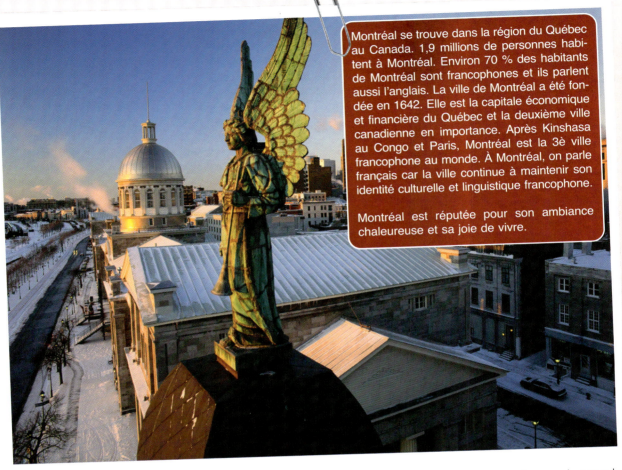

Montréal se trouve dans la région du Québec au Canada. 1,9 millions de personnes habitent à Montréal. Environ 70 % des habitants de Montréal sont francophones et ils parlent aussi l'anglais. La ville de Montréal a été fondée en 1642. Elle est la capitale économique et financière du Québec et la deuxième ville canadienne en importance. Après Kinshasa au Congo et Paris, Montréal est la 3è ville francophone au monde. À Montréal, on parle français car la ville continue à maintenir son identité culturelle et linguistique francophone.

Montréal est réputée pour son ambiance chaleureuse et sa joie de vivre.

Montréal culturelle et festive

Une ville pleine de langues, de cultures diverses et de création culturelle riche. Montréal est la plus importante ville bilingue en Amérique du nord.
Une vie nocturne très riche. Il y a beaucoup de bars, de discothèques, de boîtes de jazz, de restaurants de cuisines du monde, de cabarets...
Les week-ends débutent le jeudi soir. Les rues Saint-Denis et Crescent se remplissent de monde pour le traditionnel 5-7 (happy hour).

Montréal d'hier et d'aujourd'hui

Une architecture très variée. Grâce aux architectes des 19e et 20e siècles, le paysage architectural reflète différentes époques avec des maisons en pierre grise élégante ou en briques rouges mais aussi des bâtiments en aluminium avec des verres teintés.

Lisez l'article et observez les photos.

1. Montréal est la capitale économique du Québec.
   Que savez-vous du Québec ? Que savez-vous de Montréal ?
   Montréal est une ville particulière en Amérique du Nord : pourquoi ?
   On parle quelles langues à Montréal ?

2. Quelle image l'article donne de la ville ? Qu'est-ce qu'on peut faire à Montréal ?
   Montréal semble : ancienne ☐ moderne ☐ moderne et ancienne ☐
   Les bâtiments de Montréal sont en aluminium, en ... et en ... .
   Montréal vous fait penser à une ville comme .... .

Nuit blanche à Montréal

La Nuit Blanche est une manifestation annuelle née à Paris en 2002. Elle permet au public de visiter différents lieux et d'assister à différentes manifestations culturelles pendant la nuit du premier samedi d'octobre. En février 2004, les Montréalais ont rejoint les noctambules de Paris, Bruxelles et Rome.

Programme

Toute la ville est en fête. Profitez des 75 lieux pour des visites de musées et de galeries, de la musique et de la danse, de la BD en direct, du sport d'hiver, de l'astronomie, des contes, du cinéma, de la poésie, et un petit-déjeuner offert aux courageux noctambules.

spectacles

Musiques de nuit

Les amateurs de musique vont aimer La *Nuit tzigane* en compagnie des groupes Flamenco Son, Manouche, Soleil Tzigane, au *Lion d'Or*, avec Chet Doxas Quartet au *Upstairs Jazz Bar & Grill*.

Nuit des arts

Vous aimez les œuvres avant-gardistes ? L'histoire ? L'art interactif ? La nuit est à vous ! Plusieurs expositions et activités interactives sont accessibles pour une nuit au musée des beaux-arts de Montréal et au musée du château Ramezay.

Regardez ce document.

1. Cherchez les titres.
   Quelle impression d'ensemble avez-vous ?
   La Nuit Blanche, c'est : ...
   Qu'est-ce qui se passe pendant la Nuit Blanche à Montréal ?

Quelle idée de Montréal donne ce document touristique ?

2. C'est une ville dynamique ❑ jeune ❑ riche ❑ belle ❑
   différente ❑ moderne ❑ vivante ❑

Donnez un adjectif pour décrire Montréal.

3. Avez-vous envie d'aller à Montréal ? Pourquoi ?
   Vos premières idées sur Montréal ont changé ? Comment ?

BRUXELLES

Bruxelles et son agglomération ont 1,4 millions d'habitants. Sur 10 millions de Belges environ ; 80 % à 85 % ont le français comme première langue. On parle aussi le flamand. La Belgique a deux zones linguistiques : francophone (au sud), néerlandophone (au nord).
La capitale est officiellement francophone et néerlandophone. Bruxelles est aussi capitale européenne (siège de la Commission européenne, du Parlement européen, de l'OTAN...) et très cosmopolite.

C'est la Grand Place, célèbre centre historique de la ville où se trouvent l'Hôtel de ville, la maison du roi (en fait la halle au pain) et d'autres belles maisons. La Grand Place appartient au patrimoine mondial de l'Unesco. L'architecture des boutiques près de la Grand-Place a servi de modèle pour l'Europe entière. L'Art nouveau a beaucoup influencé l'architecture de Bruxelles.

Lisez l'article et observez les photos.
1. Que savez-vous de Bruxelles ?
   Que savez-vous de la Belgique ?
   On parle quelle langue à Bruxelles ?
   Quel Belge célèbre connaissez-vous ?

Regardez cette photo de Bruxelles.
2. Que voyez-vous (bâtiments...) ?
   Cela donne l'image d'une ville :
   Très grande   oui/non
   Calme et agréable   oui/non
   Moderne   oui/non

Nuit Blanche à Bruxelles

Pour sa 4ᵉ édition, durant toute la nuit du 1ᵉʳ au 2 octobre, la Nuit Blanche à Bruxelles ouvre plus de 150 animations pour découvrir des quartiers, des lieux insolites et des lieux plus connus de manière festive et originale. Elle propose des parcours atypiques dans la ville sur des thèmes historiques, artistiques, festifs ou culinaires.

Des voix a capella sur la Grand Place

Dans le Centre, durant plus de 3 heures, des enfants vont chanter a capella sur la Grand Place face à 6000 spectateurs.

Danse argentine à la Bourse

Le traditionnel « Bal de Tango » commence à 19 h 00. Les marches de la Bourse vont être envahies de danseurs pour un petit pas de danse argentine.

« je suis ce que je suis » sur la place Fontainas

Du samedi 30 septembre à 19 h 00 jusqu'au dimanche 1er octobre à 3 h 00, sur la place Fontainas, Mariska De Mey présente la phrase "je suis qui je suis" en 6 langues différentes parlées dans le quartier du centre-ville. C'est un symbole d'ouverture aux habitants d'origines très diverses de Bruxelles.

Petit-déjeuner aux galeries

Pour clôturer cette nuit, un grand Petit Déjeuner gratuit est offert aux noctambules à partir de 5 h 00 dans les galeries Saint-Hubert à 7 h 00 du matin.

Regardez ce document.

3. Cherchez les titres.
   Quelle impression d'ensemble avez-vous ?
   Qu'est-ce qui se passe pendant la Nuit Blanche à Bruxelles ?

Donnez un adjectif pour décrire Bruxelles

4. Avez-vous envie d'aller à Bruxelles ? Pourquoi ?
   Vos premières idées sur Bruxelles ont changé ? Pourquoi ?

PARIS

L'agglomération de Paris a 12 millions d'habitants environ. Dans Paris même, il y a 2 millions de personnes. La ville est divisée en 20 arrondissements. Elle reçoit environ 25 millions de touristes par an. Paris est une hypercapitale : elle est en même temps capitale industrielle (siège des sociétés), politique et administrative, et culturelle (création, médias, recherche).

Que savez-vous de Paris ?

1. Citez des monuments, des lieux de Paris : ...
   Pourquoi vous connaissez Paris ?
   Que voulez-vous voir à Paris ?

Paris est une ville lumière. C'est une hypercapitale.

2. Quels problèmes cela peut créer ?
   Quels problèmes vous avez dans la capitale de votre pays ?

NUIT BLANCHE À PARIS

La Nuit Blanche de Paris trouve désormais un écho dans le monde entier. Rome est la première ville européenne à organiser la Nuit Blanche en 2003, suivie par Bruxelles en 2005, Montréal en 2004, Naples en 2005, Tel-Aviv en juin dernier, à Gaza le 7 octobre, Toronto le 30 septembre, Istanbul en 2007 et peut-être bientôt Rio de Janeiro, Lisbonne, mais aussi Tokyo et New York …

programme

Le 1er octobre, de 19 h 00 à 7 h 00 du matin, la Nuit Blanche s'organise pour découvrir des itinéraires, des lieux insolites peu connus des parisiens.

Langue étrangère à la Galerie Michel Rein

Dans la rue de Turenne, la jeune artiste espagnole Dora Garcia s'adresse aux passants dans une langue étrangère. Qui devinera le nom de cette langue, parlée par une communauté de Paris ? .
(42 rue de Turenne, IIIe arrondissement)

Installation vidéo au théâtre du Châtelet

Le Coréen Kimsooja investit le théâtre du Châtelet : la façade du bâtiment est éclairée d'un jeu de couleurs. Une installation vidéo, composée de couleurs rouges, ocres, bleues et turquoises est accompagnée du son de la respiration de l'artiste.
(place du Châtelet, Ier arrondissement)

Regardez ce document.

3. Cherchez les titres.
   Quelle impression d'ensemble avez-vous ?
   Qu'est-ce qui se passe pendant la Nuit Blanche à Paris ?

Donnez un adjectif pour décrire Paris

4. Avez-vous envie d'aller à Paris ? Pourquoi ?
   Vos premières idées sur Paris ont changé ? Pourquoi ?

→ Et maintenant à vous !

- Présentez votre ville ou une ville francophone.
  Que souhaitez-vous présenter de cette ville ? Pourquoi ? Quelle est la chose indispensable que vous voulez présenter ?
  Quelle est la particularité de votre ville ?
- Organisez une Nuit Blanche dans cette ville.

Partie 1

COMPRÉHENSION DE L'ORAL   **25** *points*

Exercice 1.   **7** *points*

Vous allez écouter 2 fois l'enregistrement.
Vous avez 30 secondes entre les deux écoutes,
puis 30 secondes pour vérifier les réponses. Lisez d'abord les questions.

1 • On appelle les passagers de quel vol ?

2 • Quelle est la destination du vol ?
Calcutta   ❏
Cancun   ❏
Le Caire   ❏

3 • L'embarquement est :
porte 10   ❏
porte 8   ❏
porte 18   ❏

Exercice 2.   **8** *points*

Vous allez écouter 2 fois l'enregistrement.
Vous avez 30 secondes entre les deux écoutes,
puis 30 secondes pour vérifier les réponses. Lisez d'abord les questions.

1 • Jean Verdier est :
un adulte   ❏
un adolescent   ❏
un enfant   ❏

3 • Il se trouve :
dans une gare   ❏
dans un cinéma   ❏
dans un magasin ❏

2 • Jean attend qui ?

4 • Sa mère doit aller dans le hall de quel niveau ?

Exercice 3.   **10** *points*

Vous allez écouter 4 conversations très courtes correspondant à des situations différentes. Vous avez 20 secondes entre une conversation et une autre.
Puis, vous écoutez à nouveau et vous complétez les réponses.
Observez d'abord les images.

1 • Associez les conversations aux images (Il y a 5 images, mais seulement 4 conversations).

Image A

Image B

Image C

1. Conversation n° : ...

2. Conversation n° : ...

3. Conversation n° : ...

Image D

Image E

4. Conversation n° : ...

5. Conversation n° : ...

2 • a. Conversation numéro 1
Qui arrive ?
Didier ❏   Laurence ❏

b. Conversation numéro 2

Que fait Emmanuel ?	
Une course à vélo	
Une excursion en forêt	
De la natation à la piscine	
Une balade à la campagne	

c. Conversation numéro 3
Que demande la jeune femme ?
_____

d. Conversation numéro 4

Que décrit Agathe ?	
Sa voiture	
Son studio	
Son appartement	
Son bureau	

Partie 2

COMPRÉHENSION DES ÉCRITS   25 points

MARIE-CLAIRE ET CHARLES EDOUARD DE ROQUEBRUNE   JULIE ET FRANÇOIS DUVERGER-DANTON

SONT HEUREUX D'ANNONCER LE MARIAGE

DE LEURS ENFANTS

VIRGINIE ET MAXIMILIEN

VERSAILLES, LE 11 MARS 2008

Exercice 1. Lisez l'annonce. Répondez aux questions.   *6 points*

1 • Pourquoi on a fait l'annonce ?

2 • Qui fait l'annonce ?
Les mariés   ❏
Les parents   ❏
Les grands-parents ❏

3 • Comment s'appelle la mariée ?

4 • Où et quand la cérémonie a lieu ?

Exercice 2. Observez le document et répondez aux questions.   **8** *points*

1 • C'est :
une publicité ❑
un programme de télé ❑
un sommaire de magazine ❑

2 • C'est un magazine :
généraliste ❑   spécialisé ❑

3 • On retrouve les mêmes mots dans la présentation des articles. Quels sont ces mots ?

4 • Ces mots signifient :
conseils pour bien acheter ❑
opinion des vendeurs ❑
réduction des prix ❑

5 • Complétez le tableau.

Nom du magazine :
Date de publication du numéro :
Les articles concernent :
Dossier Convergences numériques, TV-Vidéo...

6 • Vous faites beaucoup de photos. Vous lisez quel article ?

7 • Vous voulez téléphoner gratis. Vous lisez quel article ?

Exercice 3. Lisez le mél et répondez aux questions.   **6** *points*

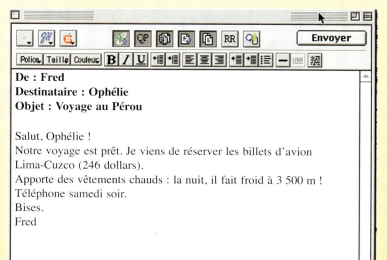

De : Fred
Destinataire : Ophélie
Objet : Voyage au Pérou

Salut, Ophélie !
Notre voyage est prêt. Je viens de réserver les billets d'avion Lima-Cuzco (246 dollars).
Apporte des vêtements chauds : la nuit, il fait froid à 3 500 m !
Téléphone samedi soir.
Bises.
Fred

1 • Qui écrit le message ?

2 • Quelle est la raison du message ?

3 • Quelle est la destination du voyage ?

4 • Quel conseil donne Fred à Ophélie ?

5 • Quand Ophélie doit téléphoner à Fred ?

Exercice 4.

5 points

Bernard et Claude Folloppe ont 3 enfants. Ils cherchent une maison en Bourgogne. Ils peuvent dépenser 90 000 € environ et ils ont besoin de 3 chambres.

Lisez les annonces et répondez aux questions.

A

À 170 km de Paris, superbe maison avec jardin, dans un endroit tranquille. Au rez-de-chaussée, cuisine, salle à manger, salle de bains, 1 chambre. À l'étage, 2 chambres, salle de bains et toilettes.

Prix : 163 000 €

Pour informations, contacter SicImmo : **tél./télécopie : 03 85 73 21 32** **mél** : sicmo@wanadoo.fr

B

À 150 km de Paris, dans la région de Beaune, petite ferme typique avec cuisine de 15 m², grande salle à manger, bureau et toilettes. À l'étage, 2 chambres, salle de bains et toilettes. Garage pour 2 voitures et terrain de 700 m².

Prix : 132 000 €

S'adresser à monsieur Gavary : tél. 03 81 25 44 81, après 20 h 00.

C

À 120 km de Paris et à 10 minutes de la gare TGV, sympathique ferme, calme et tranquille. Au rez-de-chaussée, cuisine, grande salle à manger, petit salon, toilettes. À l'étage, 2 grandes chambres + 1 petite chambre, salle de bains et toilettes. Terrain avec arbres de 1 050 m².

Prix : 89 000 €

Pour informations, contacter Imcasa : tél./télécopie : 03 87 45 89 01 mél : imcasa@libero.com

1 • Dans les trois annonces, repérez la distance de Paris :

Annonce A	Annonce B	Annonce C
...	...	...

2 • Quelle maison la famille Folloppe peut acheter ?

3 • Monsieur Folloppe va travailler à Paris tous les jours. Quel est l'avantage de la maison C ?

4 • Est-ce qu'il y a un garage dans la maison C ?

5 • Quel est le nom de l'agence immobilière de la maison C ? Monsieur et madame Folloppe peuvent demander des informations par mél. ?

Partie 3

PRODUCTION ÉCRITE

25 points

Exercice 1.

10 points

Vous voulez vendre votre maison dans la banlieue de Limoges.

Remplissez la fiche avec le texte de l'annonce et les informations demandées.

Immobilier :
☐ Locations ☐ Ventes
☐ Villégiatures

Particuliers : à partir de 28,50 € TTC la parution de 3 lignes.

VOTRE ANNONCE

Ligne supplémentaire : 9,50 € TTC *(Nombre de lignes illimité !)*

Date(s) de parution choisie(s) (sous réserve de disponibilité) : ....

Nom : .... Prénom : ....

Adresse : ....

.... Tél. ....

Mode de règlement choisi : ☐ Chèque bancaire ☐ Carte bancaire

Exercice 2.   **15** *points*

Vous êtes en vacances.

Vous écrivez une carte postale à un/e ami/e français/e. Vous dites où vous êtes, vous parlez du temps, du lieu et de vos activités.

Madame Aurélie Sylvestre
7, Rue des Arbres

59140 Dunkerque (F)

Partie 4

ÉPREUVE DE PRODUCTION ORALE   **25** *points*

L'épreuve orale dure de 5 à 7 minutes et se déroule en trois temps : un entretien dirigé, un échange d'informations et un dialogue simulé. Vous disposez de 10 minutes de préparation pour les parties 2 et 3.

1 • L'entretien dirigé. 5 *points*

Vous êtes devant l'examinateur :

Présentez-vous : ...
Dites où vous habitez : ...
Parlez un peu de votre famille : ...
Racontez comment se déroule votre journée : ...

2 • L'échange d'informations. 10 *points*

À partir des mots, posez des questions à l'examinateur.

maison	appartement	adresse
enfants	âge et prénoms des enfants	Lycée

3 • Le dialogue simulé.   **10** *points*
Vous êtes à Nice. Vous allez acheter un guide de la région.
Vous êtes le client et l'examinateur est le vendeur.
À partir des images, vous posez des questions au vendeur et vous achetez.

1.   2.   3.   4.

TRANSCRIPTIONS

MODULE 1 UNITÉ 1

DES RÉPLIQUES

- Salut ! C'est Ludovic. Je suis à Genève.
- À Genève ?
- Oui, à Genève !
- C'est extra !

DE L'ÉCOUTE

Activité 20 p 19

Le vol Atlantic Air TA13 en provenance de Mexico arrive porte 5B.
Message personnel. Mademoiselle Florencia Casas, Florencia Casas.
Rendez-vous sortie 5B.

DES LETTRES

Activité 25 p 19

1 5, 4 ,3 ,2 ,1, 0 !
2 France-Angleterre 13 à 13 ! Irlande-Écosse 15- 9, Italie-Pays de Galles : 3-12
3 10 heures, 19 minutes, 11 secondes
4 Siemens + 12, Sony + 8, Texas Instruments + 15, Total + 18
5 Températures : Paris 2 degrés, Rome 14, Berlin 0, Londres 4, Athènes 15

UNITÉ 2

DES RÉPLIQUES

Activité 11 p 27

1 - Bonjour ! Peter, Peter Neumann.
- Bonjour Peter. Vous venez d'où ?
- De Francfort, monsieur.
- Qu'est-ce que vous faites ?
- Je suis étudiant en management.
2 - Moi, c'est Nadja. Et toi ?
- Euh, moi, c'est Justin.
- Tu habites par ici ?
- Oui, rue de la République.

DES SONS

1 brésilien   3 prenez
2 étudiante   4 écoute

Activité 19 p 30

1 algérien   3 allemand   5 américain
2 japonais   4 égyptien   6 suédois

DE L'ÉCOUTE

Activité 22 p 31

a. Bon ! Répétez. Répétez Bienvenue.
b. Prenez le livre, page 2 !
c. À vous, écoutez les conversations.
d. Bien. Alors maintenant, présentez-vous à deux.

Activité 20 p 30

PRÉPARATION AU DELF A1

MODULE 1 Compréhension de l'oral

Comprendre des annonces

Activité 1 p 37

Le train régional de 8 heures 30 en provenance de Nice arrive voie 7.

ÉVALUATION MODULE 1

DES SONS ET DES LETTRES

Activité 5 p 38

1 Fermez le livre !
2 Vous êtes italien ?
3 Tu habites ici ?
4 Tu arrives à Paris demain ?
5 Je suis vendeur dans une librairie.
6 Vous parlez bien français !

Activité 7 p 38

1 quatre   2 zéro zéro sept
3 quatorze dix-huit

DE L'ÉCOUTE

Activité 8 p 38

Le vol Viking Air EJ16 en provenance d'Oslo arrive porte 4F.

MODULE 2 UNITÉ 3

DES SONS

Activité 21 p 48

1 Super   4 Salut
2 Ludovic   5 Douze
3 Bonjour

Activité 22 p 48

1 Les courses   4 Le supermarché
2 Les surgelés   5 Les étudiants
3 Le jour   6 L'habitude

DE L'ÉCOUTE

Activité 24 p 49

Chers visiteurs, pour vos cadeaux, rapportez un souvenir de France ! Fantastique ! De seize heures à dix-sept heures, vingt % de réduction sur la gastronomie française : moutarde, fromages et chocolats ! Niveau deux.

Estimados visitantes, para sus regalos, lleve un recuerdo de Francia ! Fantastico ! De las 16 a las 17, el 20% de rebaja en la gastronomia francesa : mostaza, quesos y chocolate ! Segundo piso.

Gentili visitatori, per i vostri regali, portate un ricordo dalla Francia ! Favoloso ! Dalle sedici alle diciassette, venti per cento di sconto sulla gastronomia francese : senape, formaggi e cioccolatini ! Livello due.

本日お越しの皆さまへ、耳寄りのお知らせです。午後4時から5時まで、マスタード、チーズ、チョコレートのフランスグルメ商品を20%引きで販売いたします。ぜひフランスのお土産にお買い求め下さい。場所は3階です。

UNITÉ 4

DES SONS

Activité 23 p 60

1 Cinéma   4 Ville
2 Musée   5 Rue
3 Radio

DE L'ÉCOUTE

Activité 26 p 61

Radio France International : voici les titres du journal de midi.
- Fort tremblement de terre cette nuit au Chili.
- Vienne. Sommet de l'Union européenne sur le budget.
- La France annule la dette des pays pauvres.

DES LETTRES

Activité 28 p 61

1 Sur   5 Début
2 Pour   6 Vie
3 Cri   7 Tout
4 Bout   8 Dire

Activité 29 p 61

1 Les légumes   5 La boutique
2 Les frites   6 Le bureau
3 Les courses   7 La musique
4 L'université   8 Le livre

ÉVALUATION MODULE 2

DES SONS ET DES LETTRES

Activité 6 p 68

1 Riz   2 Rue   3 Poulet   4 Musée

Activité 7 p 68

1 Roumain   3 Bulgare
2 Suédois   4 Russe

DE L'ÉCOUTE

Activité 9 p 68

Il est treize heures : voici les principales informations.
- la visite en France du président russe.
- les prix en avril : + 1 %
- Rugby : France-Nouvelle-Zélande 16 à 17

MODULE 3 UNITÉ 5

DÉCOUVERTES

Activité 3 p 73

À la claire fontaine

À la claire fontaine,
M'en allant promener
J'ai trouvé l'eau si belle
Que je m'y suis baignée

Refrain

Il y a longtemps que je t'aime
Jamais je ne t'oublierai

Sous les feuilles d'un chêne
Je me suis fait sécher
Sur la plus haute branche
Un rossignol chantait

Refrain
Il y a longtemps que je t'aime
Jamais je ne t'oublierai

Chante, rossignol chante
Toi qui a le cœur gai
Tu as le cœur à rire
Moi je l'ai à pleurer

Refrain
Il y a longtemps que je t'aime
Jamais je ne t'oublierai

J'ai perdu mon ami
Sans l'avoir mérité
Pour un bouquet de roses
Que trop tôt, j'ai donné

Refrain
Il y a longtemps que je t'aime
Jamais je ne t'oublierai

DES SONS
Activité 19 p 78
1 Bonheur   3 Conseil   5 Septembre
2 Annoncer   4 Angoissée

Activité 21 p 78
1 Information   3 Non   5 Opinion
2 Homme   4 Donner

DE L'ÉCOUTE
Activité 23 p 79
1 - Voici un autre appel. C'est Clémence, 18 ans, de Toulon. Bonjour Clémence ! Quel est ton problème ?
2 - Bonjour, Sarah. Je suis triste. Lucie, ma meilleure amie, s'en va. Sa famille part à l'étranger.
3 - Clémence, tu aimes beaucoup ta copine. C'est normal d'être triste. Mais tu peux téléphoner ou écrire à Lucie ! Et puis regarde autour de toi : il y a plein de jeunes, des filles et des garçons comme toi !

DES LETTRES
Activité 25 p 79
1 Étudiant   6 Profession
2 Dimanche   7 Conversation
3 Réponse   8 Centre
4 Garçon   9 Nom
5 Langue   10 Naissance

UNITÉ 6
DES CONVERSATIONS
DES SONS
Activité 19 p 90
1 Sympathique   3 Bon   5 Grands
2 Lycéen   4 Informations

Activité 21 p 90
1 Physicien   3 Profession   5 Bonheur
2 Boulanger   4 Médecin

DE L'ÉCOUTE
Activité 23 p 91
Présentateur : - Et maintenant la dernière question pour 5 000 euros ! Quel président de la République est appelé *tonton* ? Vous avez quinze secondes, Julien.
Julien : – C'est Mitterrand, François Mitterrand.
Présentateur : – Bien ! Super ! Vous avez gagné 5 000 euros ! Bravo !
Julien : – Je suis content. C'est génial !
Présentateur : – Quels sont vos projets, Julien ?
Julien : – Faire un super voyage à Bora Bora avec ma copine ! Ah ! C'est extra !

PRÉPARATION AU DELF A1
MODULE 3 Compréhension de l'oral
Comprendre une conversation
Activité 1 p 97
- Bonjour, madame.
- Bonjour, jeune homme. Vous désirez ?
- Euh... Je cherche quelque chose pour l'anniversaire de ma mère.
- Est-ce que vous avez une idée ?
- Oui, je voudrais un foulard.
- Alors, voilà deux foulards, ils sont beaux.
- Combien ça coûte ?
- Alors, le foulard rose coûte 58 euros, le foulard orange 75 euros.
- Oh, là, là. C'est cher !

ÉVALUATION MODULE 3
DES SONS ET DES LETTRES
Activité 7 p 98
1 Médecin   4 Maison
2 Angoisse   5 Pain
3 Parents   6 Dimanche

Activité 8 p 98
1 Le bonheur   2 Les langues
3 Le physicien 4 Le son
5 Le concert   6 Le vendredi

DE L'ÉCOUTE
Activité 9 p 98
Journaliste (femme) : – Bonjour, Florent. Vous téléphonez d'où ?
Florent   : – De Lyon.
Journaliste : – Florent, quelle est votre question pour notre psychologue, ?
Florent : – Voilà, je voudrais savoir pourquoi je suis triste quand tout le monde est content, par exemple à l'occasion des fêtes, Noël, Pâques...
Le psychologue   : – Est-ce que vous

avez de la famille, Florent ? Vous vivez seul ?

MODULE 4 UNITÉ 7
DES SONS
Activité 17 p 108
1 Vendeur   5 Jeunes
2 Air   6 Bonheur
3 Œuf   7 Sel
4 Seul

DE L'ÉCOUTE
Activité 20 p 109
Musique, vidéo, DVD, jeux vidéo, Sushi est la première console portable multimédia.
Petite, plate, légère, elle va dans votre poche.
Look élégant, écran large, images claires. Sushi a tout pour plaire aux jeunes et aux moins jeunes.
Les fêtes arrivent ! Consultez notre catalogue ! Sushi, à 313 euros, dans tous nos magasins.

DES LETTRES
Activité 22 p 109
1 Couleur   4 Bonheur
2 Auteur   5 Peur
3 Sœur   6 Œuf

Activité 23 p 109
1 Plaire   3 Père
2 Heure   4 Jeune

UNITÉ 8
DES SONS
Activité 17 p 120
1 Chanteuse   3 Deux   5 Mathieu
2 Feu   4 Heure   6 Jeune

Activité 19 p 120
1 Des cheveux 3 Un pot   5 Le jeudi
2 La radio   4 Les yeux

DE L'ÉCOUTE
Activité 21 p 121
Mesdames et Messieurs, vous êtes devant *La liberté guidant le peuple* d'Eugène Delacroix. Le tableau date de 1830. Le roi Charles X vient de limiter le droit de vote et de supprimer la liberté de la presse. Le peuple défend la liberté et chasse le roi. *La Liberté* de Delacroix est encore un symbole de la République.
Regardez le peuple : un enfant, un ouvrier, un bourgeois. Remarquez les morts au premier plan. Et la liberté avance vers nous !

ÉVALUATION MODULE 4

DES SONS ET DES LETTRES

Activité 7 p 128

1 La couleur 3 Le lieu 5 Un jeune
2 L'œuvre 4 Un peu 6 Un téléviseur

Activité 8 p 128

1 Sœur 2 Scène 3 Bœuf 4 Bière

Activité 9 p 128

1 Le cœur 3 Les Bleus
2 L'acteur 4 L'euro

DE L'ÉCOUTE

Activité 10 p 128

Strada, la voiture de l'année. Moderne et élégante, écologique et pratique, c'est la voiture idéale pour la ville. *Strada* à 17 000 euros, chez les concessionnaires *Panhart*, à partir du 15 septembre.

MODULE 5 UNITÉ 9

DES SONS

Activité 18 p 138

1 Expérience 4 Quinze
2 Chose 5 Réponse
3 Raison 6 Apprentissage

Activité 20 p 138

1 Jour 4 Treize
2 Chose 5 Phrase
3 Gentil

DE L'ÉCOUTE

Activité 22 p 139

Et pour finir, les résultats d'une récente enquête de l'Association *Démocratie active* sur l'utilité des référendums. 67 % des Français interrogés répond oui à la question : Pensez-vous qu'organiser un référendum sur les grands problèmes de la société est une bonne chose ? 27 % seulement pense que c'est une mauvaise chose. 6 % n'a pas d'opinion. Les personnes interrogées sont favorables à l'organisation de référendum sur des sujets comme : la réforme de la justice ou la lutte contre la pollution de l'air.

DES LETTRES

Activité 24 p 139

1. Cent 4. Apprentissage
2. Société 5. Organisation
3. Association 6. Justice

Activité 25 p 139

1 L'occasion 4 La musique
2 La télévision 5 Le laser
3 La cause

UNITÉ 10

DES SONS

Activité 18 p 150

1 Métro 3 Pollution 5 Eau
2 Accord 4 Radio 6 Mode

Activité 20 p 150

1 Un panneau 4 Un monsieur
2 La vidéo 5 La gauche
3 Un tableau

DE L'ÉCOUTE

Activité 22 p 151

1. Bonjour, vous êtes bien sur le répondeur de Jean-Pierre Godeau. Je suis en excursion, en Amazonie et en pirogue. Et oui, c'est les vacances ! Merci de laisser un message. À bientôt !
2. Jean-Pierre, C'est Aude. J'ai une bonne nouvelle à t'annoncer. Au référendum sur la défense commune européenne, LE *OUI* GAGNE ! On n'a pas encore les résultats définitifs, mais il y a environ 58 % de voix pour et 35 de voix contre. C'est merveilleux ! Téléphone demain vers 1 heure, heure de Paris naturellement ! Bisous.

DES LETTRES

Activité 24 p 151

1 Amazonie 5 Aujourd'hui
2 Pirogue 6 Vélo
3 Automobiliste 7 Tableau
4 Métro 8 Désaccord

ÉVALUATION MODULE 5

DES SONS ET DES LETTRES

Activité 6 p 158

1 Pollution 3 Tolérance
2 Solidarité 4 Sondage

Activité 7 p 158

1 Les vacances 3 La réponse
2 La démocratie 4 Le désaccord

Activité 8 p 158

1 Homme 3 Automobilistes
2 Beaucoup 4 Encore

DE L'ÉCOUTE

Activité 9 p 158

Bonjour Philippe, c'est Martial. Est-ce que tu cherches toujours une maison à la campagne ? Mon voisin vend sa ferme avec 5 000 mètres de terrain, à 120 000 euros ! C'est une vraie occasion ! Si tu es intéressé, appelle monsieur Sarête au 05 57 22 16 01. À bientôt.

DELF A1 – SUJET D'EXAMEN Partie 1
Compréhension de l'oral

Exercice 1

Les passagers du vol OX213 à destination de Cancun doivent se présenter porte 8 pour l'embarquement.

Exercice 2

Le petit Jean Verdier attend sa maman dans le hall du niveau 2 du magasin.

Exercice 3

1

- Allô, Didier, c'est moi, Laurence. Je suis à Paris.
- À Paris ? Super !

2

- Emmanuel, qu'est-ce que tu fais dimanche ?
- Je fais une excursion en forêt. Et toi ?

3

- Bonjour madame. Je voudrais voir le pull rouge de la vitrine.
- Oui, bien sûr. Quelle taille vous faites, mademoiselle ? ?

4

- Alors, Agathe, comment il est ton nouvel appartement ?
- Il est bien. Deux grandes pièces, une belle cuisine, mais il n'y a pas d'ascenseur. Je suis au dernier étage !

CORRIGÉS

DES CONVERSATIONS

Activité 1
- Allô, bonjour. C'est Thomas.
- Thomas ?
- Oui, Sabine, je suis à l'aéroport de Buenos Aires. J'arrive demain à Toulon.
- Ici, à Toulon ?
- Oui. Je reste une semaine.
- C'est génial !

Activité 2
- Moi, c'est Tristan. Et toi ?
- Moi, c'est Alexis.
- Tu habites où ?
- J'habite à Bruxelles.
- Alors tu es belge !

DES FORMES

Activité 3
1 Tu restes ici ?
2 Vous êtes à la gare ?
3 J'arrive demain.

Activité 4
1 Vous arrivez à Reims quand ?
2 Alors, tu restes à Toulouse une semaine.
3 Tu es à Genève pour trois jours.

DES SONS ET DES LETTRES

Activité 5
Phrases 2, 3, 4

Activité 6
1 Les quatre saisons.
2 L'agent zéro zéro sept.
3 La guerre de cent ans.

Activité 7
1 Suédois	3 Grec	5 Belge
2 Brésilien	4 Norvégienne	6 Bulgare

DE L'ÉCOUTE

Activité 8
1 Le vol atterrit.	3 Il arrive d'Oslo.
2 C'est le vol EJ16.	4 Il arrive Porte 4F.

DE LA LECTURE

Activité 9
1 C'est pour la réservation d'un vol en ligne.
2 Vol : n° 4325 de Paris Orly à Madrid
  Jour : dimanche 23 octobre
  Heure : à 14 h 10
3 Monsieur Jérôme Gatel
  15, rue du Launay
  84120 Pertuis
  Tel : 04 90 79 15 46
  Portable : 06 80 87 24 58
  Mèl : j.gatel@noof.fr

Activité 10
c : oui

DES TEXTES

Activité 11
Proposition de corrigé
Regardez les horaires des vols sur un site de réservation en ligne. Sélectionnez le vol de votre destination et complétez la fiche avec vos coordonnées. Pour payer votre billet d'avion, donnez le numéro de votre carte de crédit.

DES CONVERSATIONS

Activité 1
- Je voudrais *La Gazette sportive*.
- Elle est là, à gauche, vous voyez.
- À gauche... où, s'il vous plaît ?
- Là, à côté des guides, monsieur.
- C'est combien ?
- Un euro vingt.

Activité 2
- Vous désirez ?
- Je voudrais un thé, s'il vous plaît.
- Un thé pour madame. Et vous, monsieur ?
- Je prends un café, merci.

DES FORMES

Activité 3
1 L'eau minérale est à côté de l'Orangina. (f.)
2 À gauche du café (m.),
  il y a la librairie Paysages.
3 Je vais au supermarché. (m.)
4 Tu téléphones aux enfants ? (m.)

Activité 4
Quelle heure il est ?
1 Il est neuf heures trente.
2 Il est une heure vingt-cinq.
3 Il est dix-neuf heures.
4 Il est quatre heures cinq.

Activité 5
1 Ça fait combien, madame ?
2 Tu rentres quand ?
3 Tu vas au marché quand ?
4 Combien ça coûte, s'il vous plaît ?

DES SONS ET DES LETTRES

Activité 6
1 riz [i]	2 rue [y]	3 poulet [u]	4 musée [y]

Activité 7
1 Roumain	2 Suédois	3 Bulgare	4 Russe

Activité 8
1 J'ai deux amis.
2 Vous restez trois semaines ?
3 Tu parles quatre langues ?
4 Achète cinq citrons pour la tarte.

DE L'ÉCOUTE

Activité 9
1 On parle d'un personnage politique.
2 Il est en France.
3 Les prix sont en hausse. (↗)
4 On parle de rugby.
5 C'est un match France – Nouvelle-Zélande.
6 Le résultat est seize à dix-sept.

DE LA LECTURE

Activité 10
1 C'est la couverture d'un magazine de spectacles.
2

Nom du magazine	*l'officiel des spectacles*
Date	Du mercredi 11 au mardi 17 janvier
Numéro	3081
Prix	0,35 €

3 - le prénom et le nom de l'acteur :
   Stéphane Rousseau
   - le titre du spectacle : *One man show*
   - le nom du théâtre : au Bataclan

Activité 11
Les films de la semaine
Les concerts de la ville
Les promenades de l'écologiste

ÉVALUATION MODULE 3 p 98 et p 99

DES CONVERSATIONS

Activité 1
Xavier : – Véronique, j'ai une augmentation de salaire !
Véronique : – Quelle bonne nouvelle !
Xavier : – Tiens, pour fêter ça on va passer un week-end à Bruges.
Véronique : – Génial !

Activité 2
Ophélie : – Marie-Laure, ma cousine canadienne, arrive demain. Je suis contente !
Delphine : – Ah ! C'est sympa. Quel âge elle a ?
Ophélie : – Elle a trente-deux ans.
Delphine : – Et, qu'est-ce qu'elle fait ?
Ophélie : – Elle est journaliste. Elle fait un reportage en France.
Delphine : – Elle reste combien de jours chez toi ?
Ophélie : – Elle reste une semaine. C'est sympa !

DES FORMES

Activité 3
1 C'est une actrice anglaise.
2 Pour le vaccin, il faut une infirmière.
3 C'est une inspectrice de police.
4 Il y a des ouvrières devant l'usine.

Activité 4
1 À quelle heure tu finis demain ?
2 Monsieur, vous avez choisi ?
3 Vous pourriez être plus gentils !
4 Tu sais où se trouve la rue Saint-Augustin ?

Activité 5
1 Qu'est-ce que tu veux pour ton anniversaire ?
2 Qu'est-ce que je peux faire ?
3 Est-ce que Gaston arrive avec le train ?
4 Est-ce que vous allez bien, maintenant, madame ?

Activité 6
1 Nous ne restons pas une semaine.
2 Il ne parle pas à son frère.
3 La situation n'est pas grave.
4 Vous n'êtes pas allemand ?

DES SONS ET DES LETTRES

Activité 7

[ɑ̃]	[ɔ̃]	[ɛ̃]
2 Parents	1 Médecin	4 Maison
3 Angoisse	5 Pain	
6 Dimanche		

Activité 8
1 Le bonheur   4 Le son
2 Les langues   5 Le concert
3 Le physicien   6 Le vendredi

Activité 9
1 Vrai.   2 Faux.   3 Vrai.   4 Faux.   5 Vrai.

Activité 10
1 Jérôme   2 Justine   3 Aurore

Activité 11

Chère Mamie,

Tahiti, le 12 février 2006.
Je suis à Tahiti.

C'est génial !
Gros bisous

À bientôt,
Pascale

Madame Andrée Delisse
69, place de la République
29 000 Quimper
France

ÉVALUATION MODULE 4 p 128 et p 129

DES CONVERSATIONS

Activité 1
- Bonjour, madame. Je cherche une petite pile, vous savez, ronde et plate.
- Oui, c'est pour quoi ?
- C'est pour ma montre.
- D'accord ! Voilà, jeune homme.
- Combien ça fait ?
- Six euros dix-huit.

Activité 2
Léa : – J'aime bien le modèle Kimbao.
     Par rapport aux autres, il est comment ?
Vendeur : – Ben, il coûte moins cher.
Léa : – Et le café est bon ?
Vendeur : – Ah ! Le café est excellent !

DES FORMES

Activité 3
1 Beaucoup d'invités vont arriver.
2 Il marche beaucoup tous les jours.
3 Ton bébé pleure trop.
4 Nous avons assez de problèmes.

Activité 4
1 Jérémie va rencontrer Gaël.
   Jérémie vient de rencontrer Gaël
2 Tu vas choisir quelle langue ?
   Tu viens de choisir quelle langue ?
3 Nous allons regarder les informations./ Nous venons de regarder les informations.

Activité 5
1 C'est un très bon prix.
2 Nous sommes très contents.
3 Vous êtes très gentilles avec nous.

Activité 6
1 On fait une pause ?
2 On fait du bruit dans la cour.
3 Mes amis et moi, on va au stade dimanche.

Activité 7

[œ]	[ø]
1 La couleur	3 Le lieu
2 L'œuvre	4 Un peu,
5 Un jeune	
6 Un téléviseur	

Activité 8

3 bœuf

Activité 9

1 Le cœur	3 Les Bleus
2 L'acteur	4 L'euro

Activité 10

1 C'est une annonce publicitaire pour une voiture.
2 Ses qualités sont :
  1 moderne 2 élégante 3 écologique 4 pratique
3 Son prix est de 17 000 euros.
4 Elle est en vente chez les concessionnaires *Panhart* à partir du 15 septembre.

Activité 11

1 Profession : sculpteur
  Région : Alsace
  Année de naissance : 1834
  Œuvre célèbre : la statue de la Liberté.
2 Il offre sa statue aux Etats-Unis en 1884.
  Il faut 214 caisses pour transporter la statue à New York.

Activité 12

Proposition de corrigés
Actrice/rôle principal film d'aventures/45 ans/musicienne/cheveux roux/yeux verts/timide/CV + photos couleurs à plumc@libero.com

ÉVALUATION MODULE 5 P 158 ET 159

Activité 1

M. Ventura : – Je pense que le chômage est « le » problème de la France. Il touche 10 % de la population. Et pour les Français d'origine étrangère, on arrive à 25 %.
M. Angot : – Mais non voyons, c'est faux ! Le chômage est à 9 % maintenant et la tendance est à la baisse, non ?
M. Ventura : – Monsieur Angot, vous ne dites pas toute la vérité ! Les premières victimes du chômage, ce sont les jeunes des banlieues, voilà. Le problème est très grave !
M. Angot : – Je ne suis pas d'accord, monsieur ! Le chômage, c'est la priorité du gouvernement et on commence à bien voir les résultats, résultats positifs, p-o-s-i-t-i-fs.

Activité 2

Proposition de corrigé
Xavier : – Avancer l'horaire d'une heure, c'est bien ! Je suis pour !
Adeline : – Moi, je ne suis pas d'accord !
Xavier : – Mais pourquoi ?
Adeline : – Parce je ne peux pas accompagner les enfants à l'école.

Activité 3

1 Tu as raison. Je comprends.
2 Le téléphone sonne. Tu réponds ?
3 Nous défendons les intérêts de l'entreprise.
4 On prend le premier train et on arrive.

Activité 4

1 Nous devons signer le contrat de vente.
2 On doit prévenir le directeur.
3 Vous devez finir avant midi.
4 On doit faire la déclaration d'impôts.

Activité 5

1 Pourquoi l'avion est en retard ?
  Parce que la neige encombre les pistes.
2 Pourquoi vous arrivez si tard ?
  Parce que la circulation est bloquée.
3 Pourquoi tu n'allumes pas la télé ?
  Parce qu'il n'y a rien à regarder.
4 Pourquoi vous lisez les petites annonces ?
  Parce qu'on doit acheter une maison.

Activité 6

[s]
1 pollution	3 tolérance
2 solidarité	4 sondage

Activité 7

1 Les vacances	3 La réponse
2 La démocratie	4 Le désaccord

Activité 8

1 C'est l'homme de ma vie !
2 Il y a beaucoup d'arbres ici.
3 Les automobilistes protestent.
4 Il est encore temps.

Activité 9

1 Faux   2 Faux   3 Faux   4 Vrai   5 Faux

Activité 10

1 05 57 22 16 01

Activité 11

1 Le tramway est de retour à cause de la pollution.
2 Dans les années 1980 et 1990.
3 Lyon et Marseille.
4 Nantes, Strasbourg, Nancy, Nice ou Rouen.
5 Autour de la capitale.
6 En 2006.

Activité 12

Proposition de corrigé
De : Ced.Luong@manosk.fr
À : Fan.Luong@neox.be
Objet : des nouvelles !
Coucou maman,
Nous sommes à Crépon, en Normandie.
Le lieu est très agréable et calme.
La maison de Claire et Richard est magnifique, grande et confortable.
Et toi, comment tu vas ?
À bientôt et gros bisous
                                        Cédric et Sabine

CONJUGAISONS

Infinitif	Présent (indicatif)	Conditionnel	Impératif	Imparfait	Passé composé
AVOIR	j'ai tu as il/elle/on a nous avons vous avez ils/elles ont		aie ayez	il y avait	j'ai eu tu as eu il/elle/on a eu nous avons eu vous avez eu ils/elles ont eu
ÊTRE	je suis tu es il/elle/on est nous sommes vous êtes ils/elles sont		sois soyez	Il était	j'ai été tu as été il/elle/on a été nous avons été vous avez été ils/elles ont été
VERBES EN –ER : RESTER	je reste tu restes il/elle/on reste nous restons vous restez ils/elles restent		reste restez		Je suis resté(e) tu es resté(e) il/elle/on est resté(e) nous sommes resté(e)s vous êtes resté(e)s ils/elles sont resté(e)s
FAIRE	je fais tu fais il/elle/on fait nous faisons vous faites ils/elles font		fais faites	il faisait	j'ai fait tu as fait il/elle/on a fait nous avons fait vous avez fait ils/elles ont fait
POUVOIR	je peux tu peux il/elle/on peut nous pouvons vous pouvez ils/elles peuvent	je pourrais tu pourrais il/elle/ on pourrait nous pourrions vous pourriez Ils/elles pourraient			j'ai pu tu as pu il/elle/on a pu nous avons pu vous avez pu ils/elles ont pu
VOULOIR	je veux tu veux il/elle/on veut nous voulons vous voulez ils/elles veulent	je voudrais tu voudrais il/elle/on voudrait nous voudrions vous voudriez Ils/elles voudraient			j'ai voulu tu as voulu il/elle/on a voulu nous avons voulu vous avez voulu ils/elles ont voulu
VERBES EN –IR : FINIR	je finis tu finis il/elle/on finit nous finissons vous finissez ils/elles finissent		finis finissez		j'ai fini tu as fini il/elle/on a fini nous avons fini vous avez fini ils/elles ont fini
SAVOIR	je sais tu sais il/elle/on sait nous savons vous savez ils/elles savent				j'ai su tu as su il/elle/on a su nous avons su vous avez su ils/elles ont su
ALLER	je vais tu vas il/elle/on va nous allons vous allez ils/elles vont *Futur proche* (*aller*+infinitif) : *Je vais partir*		va allez		Je suis allé (e) tu es allé(e) il/elle/on est allé(e) nous sommes allé(e)s vous êtes allé(e)s ils/elles sont allé(e)s
VENIR	je viens tu viens il/elle/on vient nous venons vous venez ils/elles viennent *Passé récent* (venir de + infinitif) : *je viens de finir mon travail.*		viens venez		Je suis venu(e) tu es venu(e) il/elle/on est venu(e) nous sommes venu(e)s vous êtes venu(e)s ils/elles sont venu(e)s
VERBES EN –RE : RÉPONDRE	je réponds tu réponds il/elle/on répond nous répondons vous répondez ils/elles répondent		réponds répondez		j'ai répondu tu as répondu il/elle/on a répondu nous avons répondu vous avez répondu ils/elles ont répondu
PRENDRE	je prends tu prends il/elle/on prend nous prenons vous prenez ils/elles prennent		prends prenez		j'ai pris tu as pris il/elle/on a pris nous avons pris vous avez pris ils/elles ont pris
DEVOIR	je dois tu dois il/elle/on doit nous devons vous devez ils/elles doivent				j'ai dû tu as dû il/elle/on a dû nous avons dû vous avez dû ils/elles ont dû
VIVRE	je vis tu vis il/elle/on vit nous vivons vous vivez ils/elles vivent				j'ai vécu tu as vécu il/elle/on a vécu nous avons vécu vous avez vécu ils/elles ont vécu

PRÉCIS DE GRAMMAIRE

LES ARTICLES

Articles définis

voir page **46**

Singulier		Pluriel	
Masculin	**Féminin**	**Masculin**	**Féminin**
le, l'	**la, l'**		**les**
le stylo	**la** rue		**les** stylos, **les** rues
l'ordinateur	**l'**orange		**les** ordinateurs, **les** oranges

Articles définis + la préposition *à* (article contracté)

voir page **46**

Singulier	Masculin	**au (à l')**	Je vais **au** supermarché.
			Je téléphone **à l'**ami de Paul.
	Féminin	**à la (à l')**	Je vais **à la** Poste.
			Je vais **à l'**école.
Pluriel	Masculin	**aux**	Il parle **aux** employés.
	Féminin		**Aux** Seychelles, il fait chaud.

Articles définis + la préposition *de* (article contracté)

voir page **46**

Singulier	Masculin	**du (de l')**	Le pain **du** boulanger est bon.
			Je téléphone **de l'**aéroport.
	Féminin	**de la (de l')**	Le jour **de la** réunion,
			c'est demain ?
Pluriel	Masculin	**des**	Il revient **des** Pays-Bas.
	Féminin		Le prix **des** voitures augmente.

Articles indéfinis

voir page **94**

Singulier		Pluriel	
Masculin	**Féminin**	**Masculin**	**Féminin**
un	**une**		**des**
un parapluie	**une** nouvelle		**des** parapluies, **des** nouvelles
un ami	**une** femme		**des** amis, **des** femmes

LES ADJECTIFS

Adjectifs possessifs

Singulier		Pluriel	
Masculin	**Féminin**	**Masculin**	**Féminin**
mon DVD	**ma** clé		**mes** DVD/**mes** clés
ton collègue	**ta** recette		**tes** collègues, **tes** recettes
son voyage	**sa** lettre		**ses** voyages, **ses** lettres

LES ADVERBES

Adverbes de quantité : *peu, beaucoup, trop, assez, très*

voir pages **118, 119**

• Avec les noms	• Avec les verbes	• Avec les adjectifs
Il faut **un peu de** sel.	Il regarde **un peu** la télé.	Je suis **très** heureuse.
J'ai **beaucoup de** choses à faire.	Il parle **beaucoup**.	Elle est **assez** sympathique.
Il y a **trop de** voitures ici.	Tu cries **trop !**	Tu es **trop** gourmand.
Avez-vous **assez d'**argent ?	J'aime **assez** ça.	Il est **peu** curieux.

LA COMPARAISON

• Avec les adjectifs	
Le nouveau téléviseur est **plus** élégant. Ta valise est **moins** lourde.	*voir page* **106, 107**

LE GENRE

Noms masculins, noms féminins

voir page **46**

Noms masculins	Noms féminins
Le bonheur **Le** papier **Le** frère	**La** paix **La** pierre **La** sœur

Adjectifs qualificatifs masculins et féminins

voir page **26, 74**

Masculin	Féminin
un livre **intéressant** un garçon **heureux** un appartement **confortable**	une rue **étroite** une étudiante **anglaise** une vie **facile**

LE NOMBRE

Nom

voir page **49**

Noms singuliers	Noms pluriels
le cahier **l'**ordinateur **la** voiture **l'**œil **le** journal **le** tableau	**les** cahiers **les** ordinateurs **les** voitures **les** yeux **les** journaux **les** tableaux

Adjectif

voir page **104**

Singulier	Pluriel
le disque **dur** **la petite** annonce	**les** disques **durs** **les petites** annonces

LES PRONOMS PERSONNELS

Les pronoms sujets

voir page **29, 47**

Je (j')	Tu	Il/elle
Je viens demain.	**Tu** es d'accord.	**Il** est au lycée. **Elle** est en Pologne.
Nous	**Vous**	**Ils/elles**
Nous allons au théâtre.	**Vous** êtes mexicains ?	**Ils** rentrent tard. **Elles** sont amies.

Les pronoms toniques

Moi	Toi
Moi, je suis Théo.	**Toi**, tu es d'accord ?
Nous	**Vous**
Nous, nous venons à pied.	**Vous**, vous partez demain ?

LA NÉGATION

Ne... pas	Je **ne** comprends **pas**.	*voir page* **82**

L'INTERROGATION

voir page 18, 76

> Vous venez en voiture **?**
> **Est-ce que** vous vous venez en voiture ?

Adverbes interrogatifs

voir pages 45, 58

Quand	Où
Vous partez **quand** ? **Quand** est-ce que vous partez ?	Vous allez **où** ? **Où** est-ce que vous allez ?

Combien	Comment
Une baguette coûte **combien** ? **Combien** est-ce qu'une baguette coûte ?	**Comment** vous allez à la gare ? **Comment** est-ce que vous allez à la gare ?

Pronoms interrogatifs

voir pages 76

Qu'est-ce que c'est ? C'est une clé USB.	**Qu'est-ce que** vous désirez ? Deux cafés, s'il vous plaît.

Pronom et adjectif interrogatif et exclamatif

voir pages 89

Quel/s	**Quel** jour nous sommes ? **Quels** sont les appartements moins chers ? **Quel** beau film !
Quelle/s	**Quelle** est votre date de naissance ? **Quelles** villes vous aimez ? **Quelle** bonne nouvelle !

LA LOCALISATION DANS L'ESPACE

Pour indiquer le lieu où l'on est/où l'on va

voir pages 17, 45

- Je reste **ici**.
- C'est **à côté de/en face de/près de** la piscine.
- La valise est **sur/sous** le lit.
- Ton sac est **derrière/devant** la chaise.
- La table est **contre** le mur.
- Vous allez **en** Suède (la Suède), **au** Maroc (le Maroc), **aux** Seychelles (les Seychelles), **aux** Pays-Bas (les Pays-Bas).

- Nous vivons **dans** une ferme.
- Tu vas **à** Marseille ?
- Vous allez **au** cinéma ?
- Je vis **en** banlieue.
- Nous allons toujours **chez** le boulanger de la rue Milton.

Pour indiquer le lieu d'où l'on vient.

voir pages 119, 124

- Nous venons **de** Suède/**du** Maroc/**des** Seychelles/**des** Pays-Bas.
  Je reviens **du** stade/**de** l'école.

LA LOCALISATION DANS LE TEMPS

Par rapport au moment où l'on parle (maintenant)

voir pages 116, 117

Hier	Maintenant	Demain
Hier, il faisait beau.	Le film commence **maintenant**.	**Demain**, je fais le ménage.
La semaine dernière, j'ai vu Gilles.	Il arrive **aujourd'hui**.	Je téléphone **la semaine prochaine**.

Au moyen de repères comme l'heure, les jours de la semaine, les mois, la date, les saisons...

voir pages **42, 43, 47**

L'heure	La date
Le cours commence **à 10 heures**.	Aujourd'hui, nous sommes **le 2 mai**.
	Jean est né **le 6 novembre**.
Les jours	**Les mois**
Vous rentrez **vendredi ?**	Les vacances commencent **en juillet**.
Samedi, nous allons au restaurant.	**En mai**, il y a beaucoup de fêtes.
Je fais des voyages **en été**.	
Au printemps, il pleut beaucoup.	

L'EXPRESSION DE LA DURÉE

voir pages **116**

(entre *maintenant* et un moment du passé ou du futur)

Passé	← Maintenant →	Futur
Je suis rentré **il y a** dix minutes.		On sort **dans** dix minutes.

CAUSE, BUT

Expliquer, se justifier : exprimer la cause

voir pages **137**

Pourquoi tu prends la voiture ?
Parce que j'ai un rendez-vous en banlieue.
Je prends la voiture **parce que** j'ai un rendez-vous en banlieue.
J'ai un rendez-vous en banlieue, **alors** je prends la voiture.

Exprimer le but, la finalité

Pour + infinitif	Il faut faire vite **pour arriver** à l'heure.

LEXIQUE PLURILINGUE

A	ANGLAIS	ALLEMAND	ESPAGNOL	ITALIEN	PORTUGAIS
à côté, *n. m.*	Next to	Neben	Al lado	A fianco	Ao lado
accord	Agreement	Übereinstimmung	Acuerdo	Accordo	Acordo
acheter	Buy	Kaufen	Comprar	Comprare	Comprar
acteur, *n. m.*	Actor	Schauspieler	Actor	Attore	Actor
adorer	Love	Anbeten	Adorar	Adorare	Adorar
adresse, *n. f.*	Address	Adresse	Dirección	Indirizzo	Morada
âge, *n. m.*	Age	Alter	Edad	Età	Idade
agricole, *n. m.*	Agricultural	Landwirtschaftlich	Agrícola	Agricolo	Agrícola
agriculteur, *n. m.*	Farmer	Landwirt	Agricultor	Agricoltore	Agricultor
aider	Help	Helfen	Ayudar	Aiutare	Ajudar
aimer	Like/love	Mögen/lieben	Amar	Amare	Amar
air, *n. m.*	Air	Luft	Aire	Aria	Ar
alimentation, *n. f.*	Food	Ernährung	Alimentación	Alimentazione	Alimentação
aller	Go	Gehen	Ir	Andare	Ir
allô	Hello	Hallo	¡Diga!	Pronto	Alô
alors	Then	Dann	Entonces	Allora	Então
ami, *n. m.*	Friend	Freund	Amigo	Amico	Amigo
an, *n. m.*	Year	Jahr	Año	Anno	Ano
angoisse, *n. f.*	Fear	Angst	Angustia	Angoscia	Angústia
angoissé	Anguished	Ängstlich	Angustiado	Angosciato	Angustiado
année, *n. f.*	Year	Jahr	Año	Anno	Ano
annoncer	Announce	Ankündigen	Anunciar	Annunciare	Anunciar
annuler	Cancel	Aufheben	Cancelar	Annullare	Anular
appartement, *n. m.*	Apartment	Wohnung	Piso	Appartamento	Apartamento
appel, *n. m.*	Call	Ruf	Llamada	Chiamata	Chamada
appeler	Call	Anrufen	Llamar	Chiamare	Chamar
apprendre	Learn	Lernen	Aprender	Imparare	Aprender
après	After	Nach	Después	Dopo	Após
après-midi, *n. m.*	Afternoon	Nachmittag	Tarde	Pomeriggio	Tarde
arrêter	Stop	Stoppen	Parar	Fermare	Parar
arriver	Arrive	Ankommen	Llegar	Arrivare	Chegar
article, *n. m.*	Article	Artikel	Artículo	Articolo	Artigo
artisan, *n. m.*	Craftsman	Handwerker	Artesano	Artigiano	Artesão
artiste, *n. m.*	Artist	Künstler	Artista	Artista	Artista
aspirine, *n. f.*	Aspirin	Aspirin	Aspirina	Aspirina	Aspirina
association, *n. f.*	Association	Vereinigung	Asociación	Associazione	Associação
attention	Caution	Achtung	Cuidado	Attenzione	Atenção
aussi	Also	Auch	También	Anche	Também
auteur, *n. m.*	Author	Autor	Autor	Autore	Autor
automobiliste, *n. m.*	Motorist	Autofahrer	Automovilista	Automobilista	Automobilista
autour	All around	Herum	Alrededor	Attorno	Ao redor
autre	Other	Andere	Otro	Altro	Outro
avancer	Move forward	Vorrücken	Adelantar	Avanzare	Avançar
avenue, *n. f.*	Avenue	Allee	Avenida	Viale	Avenida
avoir	Have	Haben	Tener	Avere	Ter

B	ANGLAIS	ALLEMAND	ESPAGNOL	ITALIEN	PORTUGAIS
baccalauréat, *n. f.*	A-levels	Abitur	Examen de entrada en la universidad	Maturità	Bacharelato
baguette, *n. f.*	Baguette	Stangenbrot	Barra	Baguette	Bengala
balcon, *n. m.*	Balcony	Balkon	Balcón	Balcone	Balcão
banlieue, *n. f.*	Suburb	Vorort	Afueras	Hinterland	Subúrbio
banlieusard, *n. m.*	Suburbanite	Vorortbewohner	Habitante de las afueras	Abitante dell'hinterland	Suburbano
bar, *n. m.*	Bar	Bar	Bar	Bar	Bar
bas, *n. m.*	Low	Niedrig	Bajo	Basso	Baixo
beau	Beautiful	Schön	Bello	Bello	Belo
beaucoup	A lot	Viel	Mucho	Molto	Muito
beurre, *n. m.*	Butter	Butter	Mantequilla	Burro	Manteiga
bien	Good	Gut	Bien	Bene	Bem
bien sûr	Of course	Natürlich	Desde luego	Certamente	Certo
bienvenue	Welcome	Willkommen	Bienvenida	Benvenuto	Boas-vindas
bière, *n. f.*	Beer	Bier	Cerveza	Birra	Cerveja
biologique	Biologic	Biologisch	Biológico	Biologico	Biológico
bistrot, *n. m.*	Pub	Kneipe	Taberna	Bistrot	Tasca
blanc	White	Weiß	Blanco	Bianco	Branco
bleu	Blue	Blau	Azul	Blu	Azul
bœuf, *n. m.*	Ox	Ochs	Buey	Bue	Boi
bois	Wood	Holz	Madera	Legno	Madeira
bonheur, *n. m.*	Happiness	Glück	Felicidad	Felicità	Felicidade
bonjour	Hello	Guten Tag	Buenos días	Buongiorno	Bom dia
bon	Good	Gut	Bueno	Buono	Bom
boulanger, *n. m.*	Baker	Bäcker	Panadero	Panettiere	Padeiro
boulangerie, *n. f.*	Bakery	Bäckerei	Panadería	Panificio	Padaria
boulevard, *n. m.*	Boulevard	Boulevard	Boulevard	Bulevar	Viale Avenida

bourgeois, n. m.	Middle-class	Bürger	Burgués	Borghese	Burguês
bouteille, n. f.	Bottle	Flasche	Botella	Bottiglia	Garrafa
boutique, n. f.	Shop	Laden	Tienda	Negozio	Boutique
bravo	Bravo	Bravo	¡Bravo!	Bravo	Bravo
bricolage, n. m.	DIY(Do-it-yourself)	Basteln	Bricolaje	Fai da te	Bricolagem
budget, n. m.	Budget	Budget	Presupuesto	Bilancio	Orçamento.
bureau, n. m.	Office	Büro	Oficina	Ufficio	Escritório

C

cadeau, n. m.	Present	Geschenk	Regalo	Regalo	Presente
café, n. m.	Coffee	Kaffee	Café	Caffé	Café
calculatrice, n. f.	Calculator	Rechner	Calculadora	Calcolatrice	Calculadora
campagne, n. f.	Country	Land	Campo	Campagna	Campo
cancer, n. m.	Cancer	Krebs	Cáncer	Cancro	Cancro
carotte, n. f.	Carrot	Möhre	Zanahoria	Carota	Cenoura
carré, n. m.	Square	Quadrat	Cuadrado	Quadrato	Quadrado
catalogue, n. m.	Catalogue	Katalog	Catálogo	Catalogo	Catálogo
cent	Hundred	Hundert	Cien	Cento	Cem
centre, n. m.	Centre	Zentrum	Centro	Centro	Centro
champ, n. m.	Field	Feld	Campo	Campo	Campo
changer	Change	Verändern	Cambiar	Cambiare	Mudar
chasser	Hunt	Jagen	Cazar	Cacciare	Caçar
chemin, n. m.	Road	Weg	Camino	Percorso	Caminho
cher	Expensive	Teuer	Caro	Caro	Caro
chocolat, n. m.	Chocolate	Schokolade	Chocolate	Cioccolato	Chocolate
chose, n. f.	Thing	Ding	Cosa	Cosa	Coisa
cinéma, n. m.	Cinema	Kino	Cine	Cinema	Cinema
cinq	Five	Fünf	Cinco	Cinque	Cinco
circulation, n. f.	Traffic	Verkehr	Tráfico	Traffico	Circulação
citron, n. m.	Lemon	Zitrone	Limón	Limone	Limão
clair	Light	Hell	Claro	Chiaro	Claro
clé, n. f.	Key	Schlüssel	Llave	Chiave	Chave
cœur, n. f.	Heart	Herz	Corazón	Cuore	Coração
collège, n. m.	School	Kollegium	Colegio	Scuda media	Colégio
combien	How much	Wieviel	Cuanto	Quanto	Quanto
comme	Like	Wie	Como	Come	Como
commencer	Begin	Anfangen	Comenzar	Cominciare	Começar
commun	Common	Gemeinsam	Común	Comune	Comum
comparaison, n. f.	Comparison	Vergleichung	Comparación	Confronto	Comparação
concert, n. m.	Concert	Konzert	Concierto	Concerto	Concerto
condition, n. f.	Condition	Bedingung	Condición	Condizione	Condição
connaissance, n. f.	Knowledge	Kenntnis	Conocimiento	Conoscenza	Conhecimento
connaître	Know	Kennen	Conocer	Conoscere	Conhecer
conseiller, n. m.	Recommend	Anraten	Asesor	Consigliare	Aconselhar
conseil, n. m.	Advice	Rat	Consejo	Consiglio	Conselho
console, n. f.	Console	Konsole	Consola	Consolle	Consola
consulter	Consult	Nachsehen	Consultar	Consultare	Consultar
content	Happy	Zufrieden	Alegre	Contento	Contente
contre	Against	Gegen	Contra	Contro	Contra
conversation, n. f.	Conversation	Gespräch	Conversación	Conversazione	Conversa
copain, n. m.	Friend	Kamerad	Compañero	Compagno	Colega
copine, n. f.	Friend	Kameradin	Compañera	Compagna	Colega
couleur, n. f.	Colour	Farbe	Color	Colore	Cor
couper	Cut	Schneiden	Cortar	Tagliare	Cortar
cours, n. m.	Class	Kurs	Clase	Corso	Curso
courses, n. f.	Shopping	Einkäufe	Compras	Spesa	Compras
court	Short	Kurz	Corto	Corto	Curto
créer	Create	Schaffen	Crear	Creare	Criar
crier	Shout	Schreien	Gritar	Gridare	Gritar
croire	Believe	Glauben	Creer	Credere	Acreditar
cuir	Leather	Leder	Cuero	Pelle	Couro
curieux, n. m.	Curious	Neugierig	Curioso	Curioso	Curioso

D

dans	In	In	En	In	Dentro
date, n. f.	Date	Datum	Fecha	Data	Data
dater	Date	Datieren	Fechar	Datare	Datar
débat, n. m.	Debate	Debatte	Debate	Dibattito	Debate
début, n. m.	Beginning	Anfang	Principio	Inizio	Início
décidément	Obviously	Wirklich	Sin duda alguna	Decisamente	Decididamente
décider	Decide	Entscheiden	Decidir	Decidere	Decidir
déclarer	Declare	Erklären	Declarar	Dichiarare	Declarar
dedans	Inside	Drinnen	Dentro	Dentro	Dentro
défendre	Forbid	Verbieten	Defender	Difendere	Defender
défense, n. f.	Defence	Verbot	Defensa	Difesa	Defesa
définitif	Final	Endgültig	Definitivo	Definitivo	Definitivo
déjà	Already	Schon	Ya	Già	Já
demain	Tomorrow	Morgen	Mañana	Domani	Amanhã

demande, n. f.	Request	Anfrage	Solicitud	Richiesta	Pedido
démocratie, n. f.	Democracy	Demokratie	Democracia	Democrazia	Democracia
dentiste, n. m.	Dentist	Zahnarzt	Dentista	Dentista	Dentista
dernier	Last	Letzte	Último	Ultimo	Último
derrière	Behind	Hinter	Detrás	Dietro	Atrás
désaccord, n. m.	Disagreement	Uneinigkeit	Desacuerdo	Disaccordo	Desacordo
dessert, n. m.	Dessert	Dessert	Postre	Dessert	Sobremesa
dette, n. f.	Debt	Schuld	Deuda	Debito	Dívida
devant	Front	Vor	Delante	Davanti	Enfrente
devenir	Become	Werden	Volverse	Diventare	Devir
devoir	Duty	Pflicht	Deber	Dovere	Dever
différent	Different	Verschieden	Diferente	Differente	Diferente
dimanche, n. m.	Sunday	Sonntag	Domingo	Domenica	Domingo
dimension, n. f.	Dimension	Dimension	Charla	Dimensione	Dimensão
diminuer	Decrease	Vermindern	Charlar, hablar	Diminuire	Diminuir
diplôme, n. m.	Diploma	Diplom	Diploma	Diploma	Diploma
dire	Say	Sagen	Decir	Dire	Dizer
discussion, n. f.	Discussion	Diskussion	Discusión	Discussione	Discussão
discuter	Discuss	Diskutieren	Discutir	Discutere	Discutir
disquette, n. f.	Floppy disk	Diskette	Disquete	Floppy disk	Disquete
distributeur, n. m.	Dispenser	Automat	Distribuidor	Distributore	Distribuidor
donner	Give	Geben	Dar	Dare	Dar
droit, n. m.	Right	Recht	Derecho	Diritto	Direito
droite, n. f.	Right	Rechte	Derecha	Destra	Direita

E

eau, n. f.	Water	Wasser	Agua	Acqua	Água
écologiste, n. m.	Ecologist	Umweltschützer	Ecologista	Ecologista	Ecologista
économie, n. f.	Economy	Wirtschaft	Economía	Economia	Economia
économiste, n. m.	Economist	Wirtschaftswissenschaftler	Economista	Economista	Economista
écoute, n. f.	Listening	hören	Escucha	Ascolto	Escuta
écouter	Listen	hören	Escuchar	Ascoltare	Escutar
écran, n. m.	Screen	Bildschirm	Pantalla	Schermo	Ecrã
écrire	Write	Schreiben	Escribir	Scrivere	Escrever
écrivain, n. m.	Writer	Schriftsteller	Escritor	Scrittore	Escritor
égalité, n. f.	Equality	Gleichheit	Igualdad	Uguaglianza	Igualdade
église, n. f.	Church	Kirche	Iglesia	Chiesa	Igreja
élection, n. f.	Election	Wahl	Elección	Elezione	Eleição
électricien, n. m.	Electrician	Elektriker	Electricista	Elettricista	Electricista
élégant	Elegant	Elegant	Elegante	Elegante	Elegante
élémentaire	Elementary	Elementar	Elemental	Elementare	Elementar
élever	Raise	Erheben	Alzar	Alzare	Criar
enchanté	Enchanted	Bezaubert	Encantado	Piacere	Encantado
encore	Again	Noch	Aún	Ancora	Ainda
encourager	Encourage	Ermutigen	Alentar	Incoraggiare	Encorajar
encyclopédie, n. f.	Encyclopaedia	Enzyklopädie	Enciclopedia	Enciclopedia	Enciclopédia
enfant, n. m.	Child	Kind	Niño	Bambino	Criança
enfin	Finally	Endlich	Por fin	Infine	Enfim
enquête, n. f.	Inquiry	Untersuchung	Investigación	Inchiesta	Inquérito
enseignant, n. m.	Teacher	Lehrer	Docente	Insegnante	Professor
enseignement, n. m.	Teaching	Unterricht	Enseñanza	Insegnamento	Ensino
ensemble	Together	Zusammen	Juntos	Insieme	Conjunto
ensuite	Then	Dann	Luego	In seguito	Em seguida
entrée	Entrance	Eingang	Entrada	Ingresso	Entrada
entreprise, n. f.	Company	Betrieb	Empresa	Impresa	Empresa
environ	About	Ungefähr	Aproximadamente	Circa	Cerca de
environnement, n. m.	Environment	Umwelt	Entorno	Ambiente	Ambiente
époque, n. f.	Time	Epoche	Época	Epoca	Época
épuisant	Exhausting	Anstrengend	Agotador	Spossante	Extenuante
équilibre, n. m.	Balance	Gleichgewicht	Equilibrio	Equilibrio	Equilíbrio
essayer	Try	Versuchen	Probar	Tentare	Ensaiar
essence, n. f.	Petrol	Benzin	Gasolina	Essenza	Gasolina
et	And	Und	Y	E	E
étagère, n. f.	Shelve	Regal	Estantería	Mensola	Prateleira
été, n. m.	Summer	Sommer	Verano	Estate	Verão
étranger, n. m.	Foreign	Ausländisch	Extranjero	Straniero	Estrangeiro
être	Be	Sein	Ser	Essere	Ser
études, n. f.	Studies	Studium	Estudios	Studi	Estudos
étudiant, n. m.	Student	Student	Estudiante	Studente	Estudante
euro, n. m.	Euro	Euro	Euro	Euro	Euro
évader	Escape	Ausbrechen	Evadirse	Evadere	Evadir
examen, n. m.	Exam	Examen	Examen	Esame	Exame
exceptionnel	Exceptional	Außergewöhnlich	Excepcional	Gita	Excepcional
excursion, n. f.	Excursion	Ausflug	Excursión	Escursione	Excursão
expérience, n. f.	Experience	Erfahrung	Experiencia	Esperienza	Experiência
expliquer	Explain	Erklären	Explicar	Spiegare	Explicar
exprimer	Express	Ausdrücken	Expresar	Esprimere	Exprimir
extra	Extra	Extra	Extra	Extra	Extra Extra

fac(ulté), n. f.	Uni (versity)	Uni (versität)	Facultad	Facoltà	Faculdade
facile	Easy	Leicht	Fácil	Facile	Fácil
faire	Do	Tun	Hacer	Fare	Fazer
falloir	Need	Müssen	Haber que	Occorrere	Precisar
famille, n. f.	Family	Familie	Familia	Famiglia	Família
fantastique	Fantastic	Phantastisch	Fantástico	Fantastico	Fantástico
faux	Wrong	Falsch	Falso	Falso	Falso
favorable	Favourable	Günstig	Favorable	Favorevole	Favorável
favoriser	Favour	Begünstigen	Favorecer	Favorire	Favorecer
femme, n. f.	Woman	Frau	Mujer	Donna	Mulher
ferme, n. f.	Farm	Farm	Finca	Fattoria	Quinta
festival, n. m.	Festival	Festspiele	Festival	Festival	Festival
fête, n. f.	Party	Fest	Fiesta	Festa	Festa
fiche, n. f.	Index card	Pflock	Ficha	Scheda	Ficha
fille, n. f.	Girl	Mädchen	Niña	Ragazza	Filha
finir	Finish	Beenden	Acabar	Finire	Acabar
fleuve, n. m.	River	Fluss	Río	Fiume	Rio
fois, n. f.	Time	Mal	Vez	Volta	Vez
forêt, n. f.	Forest	Wald	Bosque	Foresta	Floresta
forme, n. f.	Shape	Form	Forma	Forma	Forma
fort	Strong	Stark	Fuerte	Forte	Forte
forum, n. m.	Forum	Forum	Foro	Foro	Fórum
français	French	Französisch	Francés	Francese	Francês
france, n. f.	France	Frankreich	Francia	Francia	França
fraternité, n. f.	Brotherhood	Brüderlichkeit	Fraternidad	Fraternità	Fraternidade
frigidaire, n. m.	Fridge	Kühlschrank	Frigorífico	Frigorifero	Frigorífico
frites, n. f.	Chips	Pommes frites	Patatas fritas	Patate fritte	Fritas
fromage, n. m.	Cheese	Käse	Queso	Formaggio	Queijo
fruit, n. m.	Fruit	Frucht	Fruta	Frutto	Fruta
fumer	Smoke	Rauchen	Fumar	Fumare	Fumar

G

gadget, n. m.	Gadget	Ding	Gadget	Gadget	Dispositivo
gagner	Win	Gewinnen	Ganar	Guadagnare	Ganhar
garçon, n. m.	Boy	Junge	Chico	Ragazzo	Menino
gastronomie, n. f.	Gastronomy	Gastronomie	Gastronomía	Gastronomia	Gastronomia
gauche, n. f.	Left	Linke	Izquierdo	Sinistra	Esquerda
génération, n. f.	Generation	Generation	Generación	Generazione	Geração
génial	Brilliant	Genial	Genial	Geniale	Genial
gens, n. m.	People	Leute	Gente	Gente	Gene
grand	Big	Groß	Grande	Grande	Grande
grand-mère, n. f.	Grandmother	Großmutter	Abuela	Nonna	Avó
grands-parents, n. m.	Grandparents	Großeltern	Abuelos	Nonni	Avós
grand-père, n. m.	Grandfather	Großvater	Abuelo	Nonno	Avô
grave	Grave	Schlimm	Grave	Grave	Grave
gris	Grey	Grau	Gris	Grigio	Cinzento
guerre, n. f.	War	Krieg	Guerra	Guerra	Guerra

H

habitant, n. m.	Inhabitant	Bewohner	Habitante	Abitante	Habitante
habiter	Live	Wohnen	Vivir	Abitare	Habitar
habitude, n. f.	Custom	Gewohnheit	Hábito	Abitudine	Hábito
haut	High	Hoch	Alto	Alto	Alto
heure, n. f.	The hour	Stunde	Hora	Ora	Hora
heureux	Happy	Glücklich	Feliz	Felice	Feliz
hier	Yesterday	Gestern	Ayer	Ieri	Ontem
histoire, n. f.	History	Geschichte	Historia	Storia	História
hôpital, n. m.	Hospital	Krankenhaus	Hospital	Ospedale	Hospital

I

ici	Here	Hier	Aquí	Qui	Aqui
idée, n. f.	Idea	Idee	Idea	Idea	Ideia
idiot	Idiot	Idiot	Idiota	Idiota	Idiota
île, n. f.	Island	Insel	Isla	Isola	Ilha
image, n. f.	Image	Bild	Imagen	Immagine	Imagem
immeuble, n. m.	Building	Gebäude	Edificio	Immobile	Imóvel
important	Important	Wichtig	Importante	Importante	Importante
impossible	Impossible	Unmöglich	Imposible	Impossibile	Impossível
inconnu	Unknown	Unbekannt	Desconocido	Sconosciuto	Desconhecido
incroyable	Incredible	Unglaublich	Increíble	Incredibile	Incrível
informer	Information	Information	Información	Informazione	Informação
information, n. f.	Inform	Informieren	Informar	Informare	Informar
ingénieur, n. m.	Engineer	Ingenieur	Ingeniero	Ingegnere	Engenheiro
inscription, n. f.	Registration	Einschreibung	Inscripción	Iscrizione	Inscrição
installer	Install	Installieren	Instalar	Sistemare	Instalar
interactif	Interactive	Interaktiv	Interactivo	Interattivo	Interactivo
interdire	Forbid	Verbieten	Interdire	Vietare	Vietare Proibir

internaute, n. m.	Internet user	Internetsurfer	Internauta	Internauta	Internauta
internet, n. m.	Internet	Internet	Internet	Internet	Internet
intime	Intimate	Intimus	Íntimo	Intimo	Íntimo
inutile	Useless	Nutzlos	Inútil	Inutile	Inútil
inventer	Invent	Erfinden	Inventar	Inventare	Inventar
invité, n. m.	Guest	Gast	Invitado	Invitato	Convidado

J – K

jaune	Yellow	Gelb	Amarillo	Giallo	Amarelo
jeu, n. m.	Game	Spiel	Juego	Gioco	Jogo
jeudi	Thursday	Donnerstag	Jueves	Giovedì	Quinta-feira
jeune, n. m.	Young	Jung	Joven	Giovane	Jovem
joie, n. f.	Joy	Freude	Alegría	Gioia	Alegria
jouer	Play	Spielen	Jugar	Giocare	Jogar
jour, n. m.	Day	Tag	Día	Giorno	Dia
journal, n. m.	Journalist	Journalist	Periodista	Giornalista	Jornalista
journaliste, n. m.	Newspaper	Zeitung	Periódico	Giornale	Jornal
journée, n. f.	Day	Tag	Jornada	Giornata	Dia
juin, n. m.	June	Juni	Junio	Giugno	Junho
jusque	Until	Bis	Hasta	Fino	Até
justice, n. f.	Justice	Gerechtigkeit	Justicia	Giustizia	Justiça
kiosque, n. m.	Kiosk	Kiosk	Kiosco	Chiosco	Quiosque

L

là	There	Da	Allí	Là	Ali
lac, n. m.	Lake	See	Lago	Lago	Lago
laine, n. f.	Wool	Wolle	Lana	Lana	Lã
laisser	Leave	Lassen	Dejar	Lasciare	Deixar
lait, n. m.	Milk	Milch	Leche	Latte	Leite
langue, n. f.	Language	Sprache	Lengua	Lingua	Língua
large	Wide	Weit	Ancho	Largo	Largo
lavage, n. m.	Wash	Wäsche	Lavado	Lavaggio	Lavagem
lecteur, n. m.	Reader	Leser	Lector	Lettore	Leitor
léger	Light	Leicht	Ligero	Leggero	Leve
légume, n. m.	Vegetable	Gemüse	Verdura	Legume	Legume
liberté, n. f.	Freedom	Freiheit	Libertad	Libertà	Liberdade
librairie , n. f.	Bookshop	Buchhandel	Librería	Libreria	Livraria
libre	Free	Frei	Libre	Libero	Livre
lieu, n. m.	Place	Ort	Lugar	Luogo	Lugar
ligne, n. f.	Line	Linie	Línea	Linea	Linha
limiter	Limit	Begrenzen	Limitar	Limitare	Limitar
lire	Read	Lesen	Leer	Leggere	Ler
livre, n. m.	Book	Buch	Libro	Libro	Livro
loi, n. f.	Law	Gesetz	Ley	Legge	Lei
loisirs, n. m.	Leisure	Freizeitgestaltung	Ocio	Tempo libero	Lazeres
long	Long	Lang	Largo	Lungo	Comprido
lourd	Heavy	Schwer	Pesado	Pesante	Pesado
lundi, n. m.	Monday	Montag	Lunes	Lunedì	Segunda-feira
lutte, n. f.	Fight	Kampf	Lucha	Lotta	Luta
lycée, n. m.	Secondary school	Gymnasium	Instituto de segunda enseñanza	Liceo	Liceu
lycéen, n. m.	Secondary school student	Gymnasiast	Alumno de un instituto	Liceale	Estudante de liceu

M

madame	Madam	Frau	Señora	Signora	Senhora
mademoiselle	Miss	Fräulein	Señorita	Signorina	Menina
magasin, n. m.	Shop	Geschäft	Tienda	Negozio	Loja
mai	May	Mai	Mayo	Maggio	Maio
maintenant	Now	Jetzt	Ahora	Subito	Agora
mais	But	Aber	Pero	Ma	Mas
maison, n. f.	House	Haus	Casa	Casa	Casa
majorité, n. f.	Majority	Mehrheit/Volljährigkeit	Mayoría	Maggioranza	Maioridade
mal	Pain	Übel	Mal	Male	Mal
malheureux	Unhappy	Unglücklich	Desdichado	Infelice	Infeliz
manger	Eat	Essen	Comer	Mangiare	Comer
manière, n. f.	Way	Weise	Manera	Maniera	Maneira
manifester	Demonstrate	Demonstrieren	Manifestar	Manifestare	Manifestar
marché, n. m.	Market	Markt	Mercado	Mercato	Mercado
mardi, n. m.	Tuesday	Dienstag	Martes	Martedì	Terça-feira
mariage, n. m.	Marriage	Heirat	Matrimonio	Matrimonio	Casamento
matière, n. f.	Subject	Fach	Asignatura	Materia	Matéria
matin, n. m.	Morning	Morgen	Mañana	Mattino	Manhã
médecin, n. m.	Doctor	Arzt	Médico	Medico	Médico
meilleur	Better	Besser	Mejor	Migliore	Melhor
mél, n. m.	Mail	E-Mail	E-mail	E-mail	Email
mémé, n. f.	Grandma	Oma	Abuelita	Nonna	Vovó
ménage, n. m.	Housework	Haushalt	Limpieza	Pulizie	Limpeza
mer, n. f.	Sea	Meer	Mar	Mare	Mar

merci	Thank you	Danke	Gracias	Grazie	Obrigado(a)
mercredi, n. m.	Wednesday	Mittwoch	Miércoles	Mercoledì	Quarta-feira
merveilleux	Wonderful	Wunderbar	Asombroso	Meraviglioso	Maravilhoso
mesdames	Ladies	Meine Damen	Señoras	Signore	Senhoras
message, n. m.	Message	Nachricht	Mensaje	Messaggio	Mensagem
messieurs	Sirs	Herren	Caballeros	Signori	Senhores
mètre, n. m.	Metre	Meter	Metro	Metro	Metro
métro, n. m.	Underground	Metro	Metro	Metropolitana	Metro
mettre	Put	Legen	Poner	Mettere	Pôr
midi, n. m.	Noon	Mittag	Mediodía	Mezzogiorno	Meio-dia
mode, n. f.	Fashion	Mode	Moda	Moda	Moda
moins	Less	Weniger	Menos	Meno	Menos
moitié , n. f.	Half	Hälfte	Mitad	Metà	Metade
monde, n. m.	World	Welt	Mundo	Mondo	Mundo
mondial	World	Weltweit	Mundial	Mondiale	Mundial
monsieur, n. m.	Sir	Herr	Señor	Signore	Senhor
moral, n. m.	Morale	Moral	Moral	Morale	Moral
mort, n. f.	Death	Tod	Muerte	Morto	Morte
moutarde, n. f.	Mustard	Senf	Mostaza	Senape	Mostarda
mouvement, n. m.	Movement	Bewegung	Movimiento	Movimento	Movimento
mur, n. m.	Wall	Wand	Pared	Muro	Muro
musée, n. m.	Museum	Museum	Museo	Museo	Museu
musique, n. f.	Music	Musik	Música	Musica	Música

N - O

naissance, n. f.	Birth	Geburt	Nacimiento	Nascita	Nascimento
national	National	National	Nacional	Nazionale	Nacional
nature, n. f.	Nature	Natur	Naturaleza	Natura	Natureza
nécessaire	Necessary	Notwendig	Necesario	Necessario	Necessário
niveau, n. m.	Level	Niveau	Nivel	Livello	Nível
noir	Black	Schwarz	Negro	Nero	Preto
nom, n. m.	Name	Name	Apellido	Cognome	Apelido
normal	Normal	Normal	Normal	Normale	Normal
nombre, n. m.	Number	Zahl	Número	Numero	Número
nouveau	New	Neu	Nuevo	Nuovo	Novo
nouvelle, n. f.	New	Neu	Nueva	Nuova	Nova
nuit, n. f.	Night	Nacht	Noche	Notte	Noite
numérique	Digital	Digital	Digital	Digitale	Digital
objet, n. m.	Object	Objekt	Asunto	Oggetto	Assunto
obligatoire	Compulsory	Obligatorisch	Obligatorio	Obbligatorio	Obrigatório
obtenir	Obtain	Erhalten	Obtener	Ottenere	Obter
occasion, n. f.	Opportunity	Gelegenheit	Oportunidad	Occasione	Ocasião
occuper	Occupy	Besetzen	Ocupar	Occupare	Ocupar
océan, n. m.	Ocean	Ozean	Océano	Oceano	Oceano
oeuf, n. m.	Egg	Ei	Huevo	Uovo	Ovo
oncle, n. m.	Uncle	Onkel	Tío	Zio	Tio
opéra, n. m.	Opera	Oper	Ópera	Opera	Ópera
opinion, n. f.	Opinion	Meinung	Opinión	Opinione	Opinião
orage, n. m.	Thunderstorm	Gewitter	Tormenta	Temporale	Tempestade
orange, n. f.	Orange	Orange	Naranja	Arancia	Laranja
ordinaire	Common	Gewöhnlich	Ordinario	Ordinario	Ordinário
ordinateur, n. m.	Computer	Computer	Ordenador	Computer	Computador
organisation, n. f.	Organization	Organisation	Organización	Organizzazione	Organização
organiser	Organize	Organisieren	Organizar	Organizzare	Organizar
origine, n. f.	Origin	Ursprung	Origen	Origine	Origem
ou	Or	Oder	O	O	Ou
où	Where	Wo	Donde	Dove	Onde
oui	Yes	Ja	Sí	Si	Sim
ouvert	Open	Offen	Abierto	Aperto	Aberto
ouvrier, n. m.	Worker	Arbeiter	Obrero	Operaio	Operário

P

page, n. f.	Page	Seite	Página	Pagina	Página
paix, n. f.	Peace	Friede	Paz	Pace	Paz
panique, n. f.	Panic	Panik	Pánico	Panico	Pânico
papier, n. m.	Paper	Papier	Papel	Carta	Papel
paquet, n. m.	Packet	Paket	Bulto	Pacchetto	Pacote
pareil	Same	Gleich	Similar	Uguale	Parecido
parent, n. m.	Parent	Eltern	Pariente	Genitore	Parente
participation, n. f.	Participation	Teilnahme	Participación	Partecipazione	Participação
partie, n. f.	Part	Teil	Parte	Parte	Parte
partir	Leave	Weggehen	Salir	Partire	Partir
parti	Gone	Weggegangen	Ido	Partito	Partido
passer	Pass	Vorbeigehen	Pasar	Passare	Passar
pâtes, n. f.	Pasta	Nudeln	Pastas	Pasta	Massas
patrimoine, n. m.	Heritage	Erbe	Patrimonio	Patrimonio	Património
pauvre, n. m.	Poor	Arm	Pobre	Povero	Pobre

pays, n. m.	Country	Land	País	Paese	País
paysan, n. m.	Farmer	Bauer	Campesino	Contadino	Camponês
perdre	Lose	Verlieren	Perder	Perdere	Perder
permettre	Allow	Erlauben	Permitir	Permettere	Permitir
personnage, n. m.	Character	Person	Personaje	Personaggio	Personagem
personne , n. f.	Person	Person	Persona	Persona	Pessoa
personnel	Personal	Personal	Personal	Personale	Pessoal
perte, n. f.	Loss	Verlust	Pérdida	Perdita	Perda
petit	Small	Klein	Pequeño	Piccolo	Pequeno
peuple, n .m.	People	Volk	Pueblo	Popolo	Povo
peur, n. f.	Fear	Angst	Miedo	Paura	Medo
peut-être	Maybe	Vielleicht	Quizá	Forse	Talvez
photographie, n. f.	Photography	Fotografie	Fotografía	Fotografo	Fotografias
pierre, n. f.	Stone	Stein	Piedra	Pietra	Pedra
place, n. f.	Square	Platz	Sitio	Posto	Praça
plage, n. f.	Beach	Strand	Playa	Spiaggia	Praia
plaire	Like	Gefallen	Gustar	Piacere	Agradar
plaisir, n. m.	Pleasure	Vergnügen	Placer	Piacere	Prazer
plan, n. m.	Plan	Plan	Plan	Piano	Plano
plastique, n. m.	Plastic	Plastik	Plástico	Plastica	Plástico
plat, n. m.	Dish	Gericht	Fuente	Piatto	Plano
plein	Full	Voll	Lleno	Pieno	Cheio
poche, n. f.	Pocket.	Tasche	Bolsillo	Tasca	Bolso.
poids, n. m.	Weight	Gewicht	Peso	Peso	Peso
politique, n. f.	Politics	Politik	Política	Politica	Política
pollution, n. f.	Pollution	Verschmutzung	Contaminación	Inquinamento	Poluição
pomme, n. f.	Apple	Apfel	Manzana	Mela	Maçã
pomme de terre, n. f.	Potato	Kartoffel	Patata	Patata	Batata
port, n. m.	Harbour	Hafen	Puerto	Porto	Porto.
portable, n. m.	Mobile	Handy	Portátil	Portabile	Telemóvel
porte, n. f.	Door	Tür	Puerta	Porta	Porta
porte-clés, n. m.	Key ring	Schlüsselbund	Llavero	Portachiavi	Chaveiro
possible	Possible	Möglich	Posible	Possibile	Possível
poste, n. f.	Post office	Post	Correos	Posta	Correios
pot, n. m.	Jar	Topf	Cacharro	Vaso	Pote
poulet, n. m.	Chicken	Hühnchen	Pollo	Pollo	Frango
pouvoir	Power	Können	Poder	Potere	Poder
préférer	Prefer	Vorziehen	Preferir	Preferire	Preferir
premier	The first one	Erst	Primero	Primo	Primeiro
prendre	Set	Nehmen	Tomar	Prendere	Pendurar
prénom, n. m.	First name	Vorname	Nombre	Nome	Nome
préoccuper	Worry	Beschäftigen	Preocupar	Preoccupare	Preocupar
présentateur, n. m.	Presenter	Vorzeiger	Locutor	Presentatore	Apresentador
présenter	Present	Vorstellen	Presentar	Presentare	Apresentar
président, n. m.	President	Präsident	Presidente	Presidente	Presidente
presse, n. f.	Press	Presse	Prensa	Stampa	Imprensa
prix, n. m.	Price	Preis	Precio	Prezzo	Preço
problème, n. m.	Problem	Problem	Problema	Problema	Problema
production, n. f.	Production	Produktion	Producción	Produzione	Produção
produit, n. m.	Product	Produkt	Producto	Prodotto	Produto
professeur, n. m.	Professor	Professor	Profesor	Professore	Professor
profession,n. f.	Profession	Beruf	Profesión	Professione	Profissão
progrès, n. m.	Progress	Fortschritt	Progreso	Progresso	Progresso
projet, n. m.	Project	Projekt	Proyecto	Progetto	Projecto
promenade, n. f.	Walk	Spaziergang	Paseo	Passeggiata	Passeio
provenance, n. f.	Origin	Herkunft	Procedencia	Provenienza	Proveniência
puis	Then	Dann	Luego	Poi	Depois

Q – R

qualité, n. f.	Quality	Qualität	Calidad	Qualità	Qualidade
quand	When	Wenn	Cuando	Quando	Quando
quartier, n. m.	Neighbourhood	Viertel	Barrio	Quartiere	Bairro
quatre	Four	Vier	Cuatro	Quattro	Quatro
quel	What	Welche	Cual	Quale	Qual
question, n. f.	Question	Frage	Pregunta	Domanda	Questão
raconter	Tell	Erzählen	Contar	Raccontare	Contar
radio, n. f.	Radio	Radio	Radio	Radio	Rádio
rapport, n. m.	Report	Bericht	Informe	Rapporto	Relatório
rapporter	Report	Zurückbringen	Reportar	Riferire	Relatar
récent	Recent	Neu	Reciente	Recente	Recente
réduction, n. f.	Reduction	Reduzierung	Reducción	Riduzione	Redução
référendum, n. m.	Referendum	Referendum	Referéndum	Referendum	Referendo
réfléchir	Think	Nachdenken	Reflexionar	Riflettere	Deflectir
réforme, n. m.	Reform	Reform	Reforma	Riforma	Reforma
regarder	Watch	Sehen	Mirar	Guardare	Olhar
regretter	Regret	Bedauern	Lamentar	Rimpiangere	Lamentar
religieux	Religious	Religiös	Religioso	Religioso	Religioso
remarquer	Notice	Bemerken	Notar	Osservare	Observar
remplacer	Replace	Ersetzen	Sustituir	Rimpiazzare	Substituir

rencontre, n. f.	Meeting	Begegnung	Encuentro	Incontro	Encontro
rendez-vous, n. m.	Appointment	Verabredung	Cita	Appuntamento	Encontro
repas, n. m.	Meal	Mahl	Comida	Pasto	Refeição
répéter	Repeat	Wiederholen	Repetir	Ripetere	Repetir
répondeur, n. m.	Answering machine	Anrufbeantworter	Contestador	Segreteria telefonica	Atendedor automático
répondre	Answer	Antworten	Contestar	Rispondere	Responder
réponse, n. f.	Answer	Antwort	Contestación	Risposta	Resposta
représentant, n. m.	Representative	Vertreter	Representante	Rappresentante	Representante
représenter	Represent	Darstellen	Representar	Rappresentare	Representar
république, n. f.	Republic	Republik	República	Repubblica	República
résidence, n. f.	Residence	Wohnort	Residencia	Residenza	Residência
ressembler	Look like	Ähnlich sein	Parecerse	Riunire	Parecer
rester	Stay	Bleiben	Permanecer	Restare	Ficar
résultat, n. m.	Result	Ergebnis	Resultado	Risultato	Resultado
retour, n. m.	Return	Rückkehr	Vuelta	Ritorno	Retorno
réussi	Successful	Geglückt	Aprobado	successo	Bem sucedido
rien	Nothing	Nichts	Nada	Niente	Nada
rivière, n. f.	River	Fluss	Río	Riviera	Rio
riz, n. m.	Rice	Reis	Arroz	Riso	Arroz
roi, n. m.	King	König	Rey	Re	Rei
rond	Round	Rund	Redondo	Rotondo	Redondo
rose	Pink	Rose	Rosa	Rosa	Rosado
rôti, n. m.	Roast	Gebraten	Asado	Arrosto	Assado
rouge	Red	Rot	Rojo	Rosso	Vermelho
routine, n. f.	Routine	Routine	Rutina	Routine	Rotina
rue, n. f.	Street	Straße	Calle	Via	Rua

S

salade, n. f.	Salad	Salat	Ensalada	Insalata	Salada
salut	Hi	Hallo	Saludo	Salve	Saudação
samedi, n. m.	Saturday	Samstag	Sábado	Sabato	Sábado
sauce, n. f.	Sauce	Sauce	Salsa	Salsa	Molho
savoir	Know	Wissen	Saber	Sapere	Saber
scanner, n. m.	Scanner	Einscannen	Escáner	Scanner	Scanner
scène , n. f.	Scene	Szene	Escena	Scena	Cena
science, n. f.	Science	Wissenschaft	Ciencia	Scienza	Ciência
seconde, n. f.	Second	Sekunde	Segundo	Secondo	Segundo
semaine, n. f.	Week	Woche	Semana	Settimana	Semana
sentiment, n. m.	Feeling	Gefühl	Sentimiento	Sentimento	Sentimento
service militaire /civil, n. m.	Military/ civil service	Militärdienst/ Ersatzdienst	Servicio militar / civil	Servizio militare/ civile	Serviço militar/ civil
servir	Serve	Dienen	Servir	Servire	Servir
seul	Alone	Allein	Solo	Solo	Só
siècle, n. m.	Century	Jahrhundert	Siglo	Secolo	Século
simple	Simple	Einfach	Simple	Semplice	Simples
site, n. m.	Site	Lage	Sitio	Sito	Sítio
situation, n. f.	Situation	Situation	Situación	Situazione	Situação
social	Social	Sozial	Social	Sociale	Social
soir, n. m.	Evening	Abend	Noche	Sera	Tarde
solidaire	Show solidarity	Solidarisch	Solidario	Solidale	Solidário
solidarité, n. f.	Solidarity	Solidarität	Solidaridad	Solidarietà	Solidariedade
solution, n. f.	Solution	Lösung	Solución	Soluzione	Solução
sommet, n. m.	Summit	Spitze	Cumbre	Vertice	Cimeira
sortie, n. f.	Exit	Ausgang	Salida	Uscita	Saída
sortir	Go out	Ausgehen	Salir	Uscire	Sair
sourire, n. m.	Smile	Lächeln	Sonrisa	Sorriso	Sorriso
sous, n. m.	Under	Unter	Bajo	Sotto	Soldo
souvenir, n. m.	Recollection	Erinnerung	Recuerdo	Ricordo	Lembrança
spécial	Special	Besondere	Especial	Speciale	Especial
spectateur, n. m.	Spectator	Zuschauer	Espectador	Spettatore	Espectador
sport, n. m.	Sport	Sport	Deporte	Sport	Desporto
stage, n. m.	Training	Praktikum	Prácticas	Corso	Estágio
steak, n. m.	Beefsteak	Steak	Filete	Bistecca	Bife
stresser	Put under stress	Stressen	Estresar	Stressare	Stressar
stylo, n. m.	Pen	Füllhalter	boligrafo	Penna	Caneta
suède, n. f.	Sweden	Schweden	Suecia	Svezia	Suécia
suédois	Swedish	Schwedisch	Sueco	Svedese	Sueco
sujet, n. m.	Subject	Subjekt	Tema	Argomento	Sujeito
super	Great	Super	Súper	Super	Giro
superbe	Superb	Wundervoll	Hermoso	Superbo	Soberbo
supermarché, n. m.	Supermarket	Supermarkt	Supermercado	Supermercato	Supermercado
suppression, n. f.	Elimination	Beseitigung	Supesión	Soppressione	Supressão
supprimer	Eliminate	Beseitigen	Suprimir	Sopprimere	Suprimir
sur	On	Auf	En	Su	Sobre
surfer	Surf	Surfen	Navegar	Navigare	Navegar
surgelé	Deep-frozen	Tiefgekühlt	Congelado	Surgelato	Congelado
surtout	Especially	Vor allem	Sobre todo	Soprattutto	Sobretudo
symbole, n. m.	Symbol	Symbol	Símbolo	Simbolo	Símbolo
sympathique	Nice	Sympathisch	Simpático	Simpatico	Simpático

tableau, n. m.	Painting	Bild	Cuadro	Tabella	Quadro
tard	Late	Spät	Tarde	Tardi	Tarde
tarte, n. f.	Pie	Kuchen	Tarta	Torta	Torta
technologie, n. f.	Technology	Technologie	Tecnología	Tecnologia	Tecnologia
télévision, n. f.	Television	Fernsehen	Televisión	Televisione	Televisão
téléphone, n. m.	Telephone	Telefon	Teléfono	Telefono	Telefone
temps, n. m.	Time	Zeit	Tiempo	Tempo	Tempo
tenir	Hold	Halten	Tener	Tenere	Segurar
terre, n. m.	Earth	Erde	Tierra	Terra	Terra
test, n. m.	Test	Test	Prueba	Test	Teste
tissu, n. m.	Fabric	Gewebe	Tejido	Tessuto	Tecido
titre, n. m.	Title	Titel	Título	Titolo	Título
tolérance, n. f.	Tolerance	Toleranz	Tolerancia	Tolleranza	Tolerância
tomate, n. f.	Tomato	Tomate	Tomate	Pomodoro	Tomate
tonton, n. m.	Uncle	Onkel	Tío	Zietto	Titio
toujours	Always	Immer	Siempre	Sempre	Sempre
tout	Everything	Alles	Todo	Tutto	Tudo
transport en commun, n. m.	Public transport	Öffentliche Verkehrsmittel	Transportes públicos	Trasporto in comune	Transporte colectivo
travail, n. m.	Work	Arbeit	Trabajo	Lavoro	Trabalho
travailler	Work	Arbeiten	Trabajar	Lavorare	Trabalhar
tremblement, n. m.	Shiver	Beben	Temblor	Tremito	Tremor
triste	Sad	Traurig	Triste	Triste	Triste
tristesse, n. f.	Sadness	Traurigkeit	Tristeza	Tristezza	Tristeza
trouver	Find	Finden	Hallar	Trovare	Encontrar
tuer	Kill	Töten	Matar	Uccidere	Matar
type, n. m.	Type	Typ	Tipo	Tipo	Tipo

Union européenne (ue), n. f.	European Union (EC)	Europäische Union (UE)	Unión Europea	Unione Europea	União Europeia (UE)
université, n. f.	University	Universität	Universidad	Università	Universidade
urgent	Urgent	Dringend	Urgente	Urgente	Urgente
usine, n. f.	Factory	Fabrik	Fábrica	Fabbrica	Fábrica
utile	Useful	Brauchbar	Útil	Utile	Útil
utilisation, n. f.	Use	Benutzung	Utilización	Uso	Utilização
utiliser	Use	Benutzen	Utilizar	Usare	Utilizar
utilité, n. f.	Utility	Brauchbarkeit	Utilidad	Utilità	Utilidade
vacances, n. f.	Holidays	Ferien	Vacaciones	Vacanze	Férias
vache, n. f.	Cow	Kuh	Vaca	Vacca	Vaca
vélo, n. m.	Bicycle	Fahrrad	Bici	Bici	Bicicleta
vendeur, n. m.	Salesman	Verkäufer	Vendedor	Venditore	Vendedor
vendre	Sell	Verkaufen	Vender	Vendere	Vender
vendredi, n. m.	Friday	Freitag	Viernes	Venerdì	Sexta-feira
venir	Come	Kommen	Venir	Venire	Vir
vérifier	Check	Überprüfen	Verificar	Verificare	Verificar
verre, n. m.	Glass	Glas	Vaso	Bicchiere	Copo
vers	Towards	In Richtung auf	Hacia	Verso	Verso
vert	Green	Grün	Verde	Verde	Verde
vide	Empty	Leer	Vacío	Vuoto	Vazio
vidéo, n. f.	Video	Video	Vídeo	Video	Vídeo
vie, n. m.	Life	Leben	Vida	Vita	Vida
village, n. m.	Village	Dorf	Pueblo	Villaggio	Aldeia
vin, n. m.	Wine	Wein	Vino	Vino	Vinho
violence, n. f.	Violence	Gewalt	Violencia	Violenza	Violência
virtuel	Virtual	Virtuell	Virtual	Virtuale	Virtual
visite, n. f.	Visit	Besuch	Visita	Visita	Visita
visiter	Visit	Besuchen	Visitar	Visitare	Visitar
visiteur, n. m.	Guest	Besucher	Visitante	Visitatore	Visitante
vite	Fast	Schnell	Rápido	Rapidamente	Rápido
vivre	Live	Leben	Vivir	Vivere	Viver
voici	Here is	Hier ist	Aquí está	Ecco	Eis aqui
voilà	Here is	Da ist	Ahí está	Ecco	Eis
voir	See	Sehen	Ver	Vedere	Ver
voiture, n. m.	Car	Wagen	Coche	Macchina	Viatura
voix, n. f.	Voice	Stimme	Voz	Voce	Voz
vol, n. m.	Flight	Flug	vuelo	volo	Vôo
vote, n. m.	Vote	Abstimmung	Voto	Voto	Voto
vouloir	Want	Willen	Querer	Volere	Querer
voyage, n. m.	Journey	Reise	Viaje	Viaggio	Viagem
vrai	True	Wahr	Verdadero	Vero	Verdadeiro
yogourt, n. m.	Yoghurt	Joghurt	Yogurt	Yogurt	Iogurte